Jean-Luc Nancy
Retracer le politique

Pierre-Philippe Jandin

Jean-Luc Nancy

Retracer le politique

MICHALON ÉDITIONS

Collection
Le bien commun

dirigée par
Antoine Garapon

© 2012, Michalon Éditions
15, rue de la Banque – 75002 Paris
www.michalon.fr
ISBN : 978-2-84186-581-9

Pour RZ, avec gratitude et ferveur.

« Qu'est-ce donc un *démocrate*, je vous prie ? C'est là un mot vague, banal, sans acception précise, un mot en caoutchouc. Quelle opinion ne parviendrait pas à se loger sous cette enseigne ? Tout le monde se prétend *démocrates*, surtout les *aristocrates*. »

Louis-Auguste Blanqui,
Lettre à la rédaction des *Veillées du peuple*,
mars 1850.

« Ici comme ailleurs, il faut nous refaire une langue... »

Jean-Christophe Bailly, Jean-Luc Nancy,
La Comparution, Bourgois, 1991, 2007.

Introduction

Politique et philosophie

La « co-appartenance essentielle (et non accidentelle ou simplement historique) du philosophique et du politique »[1] est au cœur de la pensée occidentale telle qu'elle est apparue chez les Grecs. Prendre en compte cette implication réciproque reste une nécessité, une urgence et une obligation. C'est une telle tâche que proposaient Jean-Luc Nancy et Philippe Lacoue-Labarthe, le 8 décembre 1980, lors de la séance d'ouverture du Centre de recherches philosophiques sur le politique dont ils venaient de prendre la responsabilité à l'initiative de Jacques Derrida.

---

1. Ph. Lacoue-Labarthe, J.-L. Nancy, *Rejouer le politique*, Galilée, 1981, p. 14, *Le Retrait du politique*, Galilée, 1983, p. 184. Référence explicite au début du texte de Jacques Derrida, « Les fins de l'homme », dans *Marges de la philosophie*, Minuit, 1972, pp. 131 sq.

Cette invitation pressante est toujours d'actualité, souligne Jean-Luc Nancy vingt ans plus tard : « Les mots et les concepts encore valides il y a quinze ans, comme "l'État de droit", "les droits de l'homme", la "démocratie", perdent chaque jour visiblement de leur crédibilité aussi bien pratique que théorique et symbolique. Les progrès scientifiques, techniques, juridiques et moraux étalent d'emblée, à chaque pas, des ambivalences qui suspendent ce nom de "progrès", et avec lui celui d'"humanité", de "raison" et de "justice". »[2] Ces propos ne sont pas inspirés simplement par une méditation sur le spectacle tragique de l'Histoire. Si l'on s'en tenait à un tel constat, on ne sortirait pas du lieu commun métaphysique. Or c'est la possibilité même d'un lieu commun qui semble se dérober : les concepts hérités de notre tradition semblent insuffisants pour penser le commun de l'existence ou un monde partagé. Leur signification est brouillée.

De la crise à la mutation

Il serait tentant de voir là le symptôme d'une crise qui pourrait être surmontée, au prix d'une interprétation plus pertinente. Ce

---

2. *Chroniques philosophiques*, Galilée, 2004, chronique du 25 octobre 2002, pp. 15-16.

serait perpétuer la démarche d'œuvres majeures de l'époque moderne, de Kant à Marx, de Valéry à Husserl et Patočka, qui ont mis l'accent sur le moment critique du jugement et de la détermination de ses critères. Au fond, nous aurions à établir le diagnostic d'un trouble aigu, mais pas sans remède, et qui surtout n'exigerait aucune nouvelle pharmacopée. Toutefois il se pourrait que nous n'ayons plus affaire à une crise, mais à une mutation. Ainsi s'exprime Jean-Luc Nancy en conclusion de son texte « Démocratie finie et infinie » : « "Démocratie" est donc le nom d'une mutation de l'humanité dans son rapport à ses fins, ou à elle-même comme "être des fins" (Kant). Ce n'est pas le nom d'une autogestion de l'humanité rationnelle, ni le nom d'une vérité définitive inscrite au ciel des Idées. C'est le nom, ô combien mal-signifiant, d'une humanité qui se trouve exposée à l'absence de toute fin donnée – de tout ciel, de tout futur, *mais non de tout infini*. – Exposée, existante. »[3]

---

3. « Démocratie finie et infinie », dans *« Démocratie, dans quel état ? »*, La Fabrique, 2009, p. 94 (nous soulignons). Cette idée de démocratie comme mutation est reprise dans une conférence, « Être-avec et démocratie », prononcée en octobre 2010 à Istanbul et publiée dans la revue *Po&sie*, n° 135 : « La démocratie correspond à une mutation anthropologique et métaphysique : elle promeut l'"avec" qui n'est pas simple égalité mais partage du sens. »

Ces lignes achèvent un texte qui s'ouvrait par un constat abrupt : « "Démocratie" est devenue un cas exemplaire d'insignifiance. »[4] On peut entendre là l'écho d'une réflexion engagée de longue date sur la pensée occidentale comme « métaphysique de la signification », ou du « sens du sens comme signification », c'est-à-dire en tant que résolution dialectique de la division, supposée acquise, du sensible et de l'intelligible (« la leçon la plus élémentaire et la plus constante de la philosophie »). Cette économie de la pensée grève les significations politiques et notamment la « philosophie de la démocratie » qui a « restauré des dignités » mais n'a cessé de se heurter « à l'infini de son propre projet ». D'où la question : « Quel est le *sens* du politique lorsque les significations touchent à leur propre insignifiance ? C'est ce qu'il faudrait savoir penser. »[5]

Si l'érosion des significations touche à la fois la pensée politique et la philosophie, si « l'exigence du sens passe désormais par l'épuisement des significations »[6], une réflexion sur la démocratie met en jeu l'ensemble de l'habitus spéculatif occidental

---

4. *Ibid.*, p. 77.
5. *L'Oubli de la philosophie*, Galilée, 1986, l'ensemble du chapitre intitulé : « La volonté du sens », p. 20 sq.
6. *Ibid.*, pp. 70-71. Souligné par l'auteur.

et ne se limite pas à une délibération sur le choix du meilleur régime politique – ce qui ne veut pas dire au demeurant que la vigilance puisse se relâcher sur ce point. S'interroger sur la démocratie garde un sens ou plutôt ouvre à la venue d'un sens dont nous sommes passibles ; et c'est même ainsi que nous existons, que notre existence peut être commune. Autant dire, sur le mode de l'hyperbole, que « la démocratie est d'abord une métaphysique et ensuite seulement une politique. Mais que celle-ci n'est pas fondée par celle-là : au contraire elle en est la condition d'exercice »[7].

L'enseignement de l'étymologie souligne que la démocratie concerne le peuple et en appelle à lui ; or « peuple » est un autre nom du *commun* – et un des noms les plus « chargés »[8]. Ainsi, dans un même mouvement d'analyse, se trouvent emportées les notions de « démocratie », « socialisme », « communisme » qui comportent, chacun de façon différente, une formidable équivoque : elles dissimulent l'opacité de l'« homme » et de ce « commun » qu'elles sont supposées faire advenir. « L'enjeu est aussi de savoir pour quoi et comment quel "homme" doit

---

7. *Vérité de la démocratie*, Galilée, 2008, p. 62.
8. J.-Ch. Bailly, J.-L. Nancy, *La Comparution*, Bourgois, 2007, p. 59, n. 1.

être émancipé... Cet enjeu n'est pas politique, il est philosophique, métaphysique. »[9]

Les trois aventures politiques ici évoquées ont porté, avec des fortunes diverses, l'espoir et la promesse d'une émancipation de l'homme, c'est-à-dire de l'accomplissement et de l'achèvement de ce qui lui est propre, affranchi qu'il serait de tout asservissement, de toute domination. Cette ambition constitutive de l'humanisme, ce désir de s'approprier son essence en la mettant en œuvre, sont liés constitutivement à un projet politique. L'évaluation de l'humanisme ne peut éviter la confrontation avec le nihilisme moderne qui le conteste ; et l'enjeu de la pensée aujourd'hui est bien de savoir s'il est possible de « s'extraire du nihilisme ». Le défi à relever est de « sans répit penser un monde qui sort, de manière lente et brutale à la fois, de toutes ses conditions acquises de vérité, de sens et de valeur »[10]. Relever ce gant est la tâche de la pensée, et cela ne va pas sans risque.

---

9. « Le sens de l'histoire a été suspendu. Entretien avec Éric Aeschimann », *Libération*, 4 juin 2009.
10. *La Communauté affrontée*, Galilée, 2001, p. 13. (Cet ouvrage est rédigé au milieu d'octobre 2001, ce qui aggrave l'urgence du défi à prendre en compte.)

Humanisme et nihilisme

Et tout d'abord le risque encouru par toute tentative de « déconstruction » de l'humanisme et de ses valeurs, avant tout parce qu'elle peut prêter à un malentendu. Comment comprendre ce geste ?

« Déconstruction » traduit le mot allemand *Destruktion* que Heidegger reprend à Luther. Il a toujours insisté sur la nécessité de ne pas confondre *Destruktion* comme *Zerstörung* (destruction) et *Destruktion* comme *Abbau* (déconstruction). Déconstruire, précise Jean-Luc Nancy, « signifie démonter, désassembler, donner du jeu à l'assemblage pour laisser jouer entre les pièces de cet assemblage une possibilité d'où il procède mais que, en tant qu'assemblage, il recouvre »[11]. Il ne s'agit donc pas, par exemple, d'une contestation des consciences chrétiennes au XVIIe siècle, après la Renaissance et la Réforme (ou les Réformes) ; cette tension est sans doute interne au monde chrétien entre le souci de fidélité à une tradition et un désir d'*aggiornamento*. Tout autre est l'enjeu de notre présent où l'on peut soutenir que « l'homme est mort » comme « Dieu est mort ». C'est là l'analyse proposée par Henri Gouhier qui tient pour étroitement liées ces deux propositions et qui n'est pas en

---

[11]. *La Déclosion (Déconstruction du christianisme, 1)*, Galilée, 2005, p. 215.

général considéré comme un épigone de Nietzsche ou de Heidegger[12].

Ce double constat fut formulé à plusieurs reprises, notamment par André Malraux dans son discours à l'Unesco de 1946, « L'homme et la culture artistique » : « Le problème qui se pose pour nous, aujourd'hui, c'est de savoir si sur cette vieille terre d'Europe, oui ou non, l'homme est mort (...) car l'Europe ravagée et sanglante n'est pas plus ravagée et sanglante que l'homme qu'elle avait espéré faire. »

Dans ces paroles de Malraux résonnait peut-être l'écho d'un essai de 1926, *La Tentation de l'Occident*[13] : « La vérité absolue a été pour vous Dieu, puis l'homme ; mais *l'homme est mort*, et vous cherchez avec angoisse celui à qui vous pourriez confier son étrange héritage. Vos petits essais de structure pour des nihilismes modérés ne me semblent plus destinés à une longue existence... (...) La vision de tous ces hommes appliqués à maintenir l'homme qui

---

12. H. Gouhier, *L'Anti-Humanisme au XVIIe siècle*, Vrin, 1987. Le dernier chapitre est intitulé : « Note finale. Un autre sujet : l'anti-humanisme au milieu du XXe siècle ».

13. A. Malraux, *La Tentation de l'Occident*, Le Livre de Poche, pp. 128-129. (C'est Malraux qui souligne ; ces paroles sont placées dans la bouche d'un voyageur chinois.)

leur permet de surmonter la pensée et de vivre, tandis que le monde sur lequel ils règnent leur devient, de jour en jour, plus étranger, est sans doute la dernière vision que j'emporterai de l'Occident. »

Vision crépusculaire qui n'est pas sans évoquer les craintes exprimées par Paul Valéry au lendemain de la Grande Guerre : « Nous autres, civilisations, nous savons que nous sommes mortelles. »[14] Toutefois nous restions dans une économie de la « crise », ainsi que le précise Valéry dans une lettre du 29 juillet 1934 à Paul Desjardin, organisateur d'une Décade de Pontigny sur le sujet : « Est-il véritable que les civilisations sont mortelles ? ». Après s'être excusé de son absence, Valéry précise dans quel esprit les travaux pourraient être menés : « Le problème de la deuxième décade me paraît donc se préciser ainsi : sommes-nous vraiment dans une phase critique ? (...) Cette maladie peut-elle être "mortelle" ? Pouvons-nous imaginer (...) que l'ensemble de nos évaluations d'ordre intellectuel et esthétique n'ait plus de sens *actuel* ? »[15]

---

14. P. Valéry, *Variété, Essais quasi politiques*, « La crise de l'esprit » (1919), Gallimard, « Pléiade », I, p. 988.
15. *Ibid.*, pp. 1769-1770, note de la p. 988.

1919, 1926, 1934, 1946 : les dates des textes convoqués sont autant de jalons d'une dérive qui mène de la mort redoutée à la mort imminente, peut-être inéluctable. D'une pensée des fins de l'homme suspendues, à un constat d'une fin de l'homme éprouvée. D'un humanisme vacillant à la désolation nihiliste, à quoi doit se mesurer toute pensée lucide et dégrisée, reprenant ainsi la tâche à nous assignée, sur un tout autre ton, par Theodor Adorno : « penser et agir en sorte que Auschwitz ne se répète pas, que rien de semblable n'arrive »[16]. Nous ne sommes plus dans le registre de Valéry ou Malraux ; ce qui est exigé est sans commune mesure avec toute entreprise de retour à un idéal perdu puisque – disons-le encore dans les termes d'Adorno – « le penser doit aussi penser contre soi-même ».

On ne saurait dire en toute rigueur que Jean-Luc Nancy soit un héritier de l'École de Francfort ; il reste indéniable cependant que sa pensée a été provoquée, entre autres choses, par ce défi et par le défaut d'héritage dont quelques années auparavant parlait Hannah Arendt. Celle-ci publie en 1961 un recueil d'essais, *Between Past and Future*, dont la préface s'intitule : « La brèche entre

---

16. T. Adorno, *Dialectique négative* (1966), trad. par le Groupe de traduction du Collège de philosophie, Payot, 1978, p. 283 sq.

le passé et le futur » ; son incipit est une citation de René Char tirée des *Feuillets d'Hypnos* : « Notre héritage n'est précédé d'aucun testament. » L'homme n'est donc plus un héritier, le fil de la tradition est rompu ; il s'agit alors de s'exercer à un combat, « ascèse » d'un nouveau genre peut-être, pour « savoir comment se mouvoir dans cette brèche » *(how to move in this gap)* [17].

Jean-Luc Nancy est un penseur « sur la brèche », mais une brèche dont on ne pourrait plus distinguer les bords. Ni renaissance de l'homme, ni homme nouveau : l'idée même de civilisation comme enchaînement des générations se trouve ébranlée : « En 1936, Husserl publiait sa *Krisis* – "la crise des sciences européennes". Ce qui pour lui était crise... n'est plus crise pour nous mais état continu, installé... Nous sommes entrés dans une mutation... Nous ne sommes plus dans une durée de la transmission, du transfert – de la tradition dans sa valeur active – mais dans une syncope de la métamorphose. C'est le temps de la civilisation qui se trouve *out of joint* comme le dit Hamlet. » Ces analyses sont liées à une

---

17. H. Arendt, *Between Past and Future : Six Exercises on Political Thought* (1961, 1968), trad. fr. sous la dir. de P. Lévy, *La Crise de la culture*, Gallimard, « Folio », 1972, p. 25.

interrogation attentive des événements du dernier demi-siècle (1989 ; le mur ; 2001 : les tours ; 2008 : les « bulles ») et le bilan s'énonce ainsi : « Après 1968, mais beaucoup plus sensiblement et massivement après 1989, nous sommes entrés dans la rupture suspensive : suspens de progrès, suspens de confiance, suspens du sens même qu'il y avait à être "une nouvelle génération". »[18]

L'Être ou l'« autre homme »

Alors que nous tentons de présenter la pensée de Jean-Luc Nancy comme contemporaine d'une tension entre humanisme et nihilisme – ce qui engage des questionnements portant sur la démocratie, l'idée d'universalité des droits de l'homme, les totalitarismes – on aura pu s'étonner de l'absence de référence à Heidegger, dont Jean-Luc Nancy est un lecteur assidu et critique[19]. On pense en effet à la *Lettre sur l'humanisme*, dans laquelle Heidegger écrit à Jean Beaufret : « Si l'on pense contre l'humanisme, c'est parce que

---

18. « Générations, civilisations », in *Vacarme*, n° 47, printemps 2009.
19. Encore qu'il ait découvert Heidegger assez tardivement et, pourrait-on dire, de biais. Cf. D. Janicaud, *Heidegger en France, II, Entretiens*, Albin Michel, 2001, p. 244 sq.

l'humanisme ne situe pas assez haut l'*humanitas* de l'homme. »[20]

Entre *Être et Temps* (1927) et la *Lettre* (1946), il y a eu la fièvre et la faute des années 1930. Très tôt, Jürgen Habermas a planté le décor des interprétations conflictuelles à venir de Heidegger, à l'occasion d'un événement éditorial : la publication en 1953 des cours professés par Heidegger en 1935. Dix-huit ans plus tard, l'appréciation du national-socialisme est maintenue, même si elle ne portait pas sur « ce qui est mis sur le marché aujourd'hui comme philosophie du national-socialisme et qui n'a rien à voir avec la vérité interne et la grandeur de ce mouvement (c'est-à-dire avec la rencontre, la correspondance, entre la technique déterminée planétairement et l'homme moderne) »[21]. Habermas insiste sur le contexte historique de ce texte, ces « eaux troubles », pour reprendre l'expression de Heidegger ; ce dernier a cédé à l'illusion d'un nouveau destin pour l'Europe, prise dans l'étau de la Russie et de l'Amérique, identiques dans leur essence, d'une mission pour le peuple allemand. Ce jugement de Heidegger est formulé au cours d'une

---

20. M. Heidegger, *Lettre sur l'humanisme* (1946), trad. R. Munier, Aubier-Montaigne, 1957, pp. 70-71.
21. M. Heidegger, *Introduction à la métaphysique* (1953), trad. G. Kahn, PUF, 1958, p. 213.

réflexion sur la notion de valeur. Référence est faite, bien entendu, à l'entreprise de Nietzsche, mais tout aussi légitime serait l'évocation de Marx. Et il semblerait léger de s'imaginer que la question de la valeur de la valeur serait caduque. En tout cas nous la retrouvons au cœur des analyses de Jean-Luc Nancy : si toutes les valeurs ne sont pas équivalentes, comment évaluer la valeur ? Y a-t-il une commune mesure ? Qu'en est-il de l'incommensurable ? Entre les justiciers péremptoires et les thuriféraires, « il semble que le temps soit venu de penser avec Heidegger contre Heidegger »[22]. C'est un tel passage, entre autres, que tente de frayer Jean-Luc Nancy.

Une approche critique de l'humanisme n'engage pas nécessairement dans les voies et les errances de Heidegger. Ainsi la démarche d'Emmanuel Levinas doit-elle être ici prise en considération dans la mesure où elle témoigne tout d'abord de la fascination exercée par Heidegger sur ses auditeurs (Hannah Arendt et Leo Strauss, par exemple,

---

22. Ce sont les derniers mots et le titre de l'article de Jürgen Habermas : « Mit Heidegger gegen Heidegger denken. Zur Veröffentlichung von Vorlesungen aus dem Jahre 1935 » (*Frankfurter Allgemeine Zeitung*, 25 juillet 1953, repris dans *Profils philosophiques et politiques,* trad. par F. Dastur, J.-R. Ladmiral et M. B. de Launay, Gallimard, 1974, pp. 89-99).

manifestent la même émotion à l'écoute de la parole du maître). Levinas a séjourné à Fribourg-en-Brisgau durant l'année universitaire 1928-1929 ; il y a suivi les cours de Husserl et de Heidegger et était présent à la rencontre de Davos entre ce dernier et Cassirer. Cet événement lui fit grande impression : « Un jeune étudiant pouvait avoir l'impression qu'il assistait à la création et à la fin du monde. »[23] Pourtant, un an après le *Discours du Rectorat* (1933)[24] de Heidegger, Levinas commença à prendre ses distances dans deux textes : *Quelques réflexions sur la philosophie de l'hitlérisme* (1934) et *De l'évasion* (1935)[25]. On peut estimer avec Levinas que la pensée de Heidegger n'est pas parvenue à s'évader de l'ontologie malgré ses efforts, mais cela n'autorise pas à refuser *ipso facto* toute pertinence à son questionnement, notamment en ce qui concerne l'humanisme. Aussi ne sera-t-on pas étonné de lire sous la plume de son ancien étudiant : « L'humanisme ne doit être dénoncé que parce qu'il n'est pas suffisamment humain »,

---

23. F. Poirié, *Emmanuel Levinas. Essai et entretiens* (1987), Actes Sud, 1996, p. 83.
24. M. Heidegger, *L'Auto-affirmation de l'Université allemande*, trad. G. Granel, Trans Europ Repress, 1987.
25. E. Levinas, *Quelques réflexions sur la philosophie de l'hitlérisme*, Payot & Rivages, 1997 ; *De l'évasion*, Fata Morgana, 1982.

conséquence de ce qui est, pour Levinas, l'« intuition géniale » de l'antihumanisme moderne, l'abandon de « l'idée de personne, but et origine d'elle-même, où le moi est encore quelque chose »[26].

En commun

Un auteur choisit au sein de la tradition les références et les citations qui peu à peu composent sa palette, trouvant ainsi les ressources pour déployer sa pensée. Le souci partagé de la recherche d'une véritable dignité de l'être humain amène Levinas et Jean-Luc Nancy à partager la lecture de Pascal. Plus d'une fois le premier rappelle que « le moi est haïssable », alors que le second se rallie souvent à ce propos empreint d'exaltation : « L'homme passe infiniment l'homme », ce qui mène à une exigence : « Il faut quand même remettre l'homme dans un rapport infini avec lui-même. »[27]

Prenons le risque de mêler un instant les idiomes d'Emmanuel Levinas et de Jean-Luc

---

26. E. Levinas, *Autrement qu'être ou au-delà de l'essence*, Kluwer Academic Publishers, 1974, p. 164.
27. « Il faut remettre l'homme dans un rapport infini avec lui-même », *Intervista a Jean-Luc Nancy, a cura de Silvia Romani*, in *Rivista di Filosofia Neo-Scolastica*, 4, 2007, pp. 771-794.

Nancy et disons que ce refus d'être rivé à soi est acceptation de la finitude si l'on tient que « l'essence de la finitude est de ne pas contenir en soi sa propre essence »[28]. C'est en fait une pensée de l'immanence qui est ici contestée, d'« une immanence absolue de l'homme à l'homme – un humanisme – et de la communauté à la communauté – un communisme »[29]. Faute de mettre en question cette approche de l'homme, dans l'oubli de son être abandonné auquel rien n'est donné, surtout pas lui-même, on s'interdit une juste évaluation du politique : la démocratie reste « en défaut d'elle-même »[30] et la communauté reste en souffrance. La pensée de Jean-Luc Nancy prend en charge cette double carence et en cela elle est historiquement ancrée, après la Révolution de 1789 et après l'effondrement des communismes « réels ».

La révolution démocratique moderne ouvre une ère nouvelle dont Claude Lefort a pointé la tension interne, jamais relâchée : « La démocratie moderne inaugure l'expérience d'une société insaisissable, immaîtrisable, dans laquelle le peuple sera dit souverain, certes, mais où il ne cessera de faire question en son

---

28. *L'Expérience de la liberté*, Galilée, 1988, p. 111.
29. *La Communauté désœuvrée*, Bourgois, 1986, p. 14.
30. *Vérité de la démocratie*, p. 17.

identité, où celle-ci demeurera latente. »[31] De cette indécision naîtront les débats récurrents sur la représentation et le suffrage, dans la mesure où « le nombre se substitue à la substance »[32], mais aussi, note Jean-Luc Nancy, la hantise de l'identité et de l'identification[33]. À leurs manières, et on ne saurait les confondre, les totalitarismes ont été eux aussi des tentatives de répondre à cette inconsistance du peuple, à la défaillance de son identité. Disons simplement qu'il est urgent de penser à nouveaux frais l'être-en-commun, l'être-avec, c'est-à-dire le « communisme », non comme un régime politique, mais comme un fait : nous existons « en commun ». La question insistante est donc celle du communisme « en tant que vérité de la démocratie »[34]. Reprenant et détournant le mot de Sartre, nous pourrions dire que l'effondrement des communismes réels est « l'horizon indépassable de notre temps ». *La Communauté désœuvrée* s'ouvre par ce constat. Le souci de penser l'*après* du communisme reste présent tout au long du travail de Jean-Luc Nancy : la « Note

---

31. C. Lefort, « L'image du corps et le totalitarisme », *L'Invention de la démocratie*, Fayard, 1981, pp. 172-173.
32. C. Lefort, « La quête de la démocratie », repris dans *Essais sur la politique. XIXᵉ-XXᵉ siècles*, Seuil, 1986, p. 29.
33. *Identité. Fragments, franchises*, Galilée, 2010.
34. *Vérité de la démocratie*, p. 55.

liminaire » de *La Comparution*, rédigée en 1991 et maintenue en 2007, en témoigne.

La première de nos tâches sera donc consacrée à une analyse de la notion de rapport, qui « prend le pas sur l'être » et « ouvre en fait le sens de l'être »[35]. L'attention ne portera plus seulement sur le sens des substantifs mais aussi sur les prépositions et les adverbes. C'est peut-être là un dernier recours : « Dès qu'il devient nécessaire de déconstruire tous les énoncés philosophiques de la "communauté"... il ne reste pour recommencer à penser que l'*en*. »[36] Dans une étroite corrélation, il faut repenser la valeur de l'*avec* dans le terme heideggérien du *Mitsein* (être-avec). Les existants sont *ensemble au* monde, ils *y* sont, ils *en* sont.

---

35. *L'Adoration* (*Déconstruction du christianisme, II*), Galilée, 2010, p. 108.
36. J.-L. Nancy, J.-Ch. Bailly, *La Comparution*, p. 59, n. 1. À quoi fait écho : « Communisme est toujours exposé au risque de devenir une idéologie et pour cette raison devrait s'employer à dissoudre son *-isme*. Mais pas même *commun*, ni *commune* ne devraient rester sans inquiétude... seul doit demeurer le *cum-*. La préposition latine considérée comme pré-sentation universelle, présupposition de toute existence et de toute disposition d'existence. » (« Communisme, le mot », dans *L'Idée du communisme*, Lignes, 2010).

Reste alors à sonder, dans un second temps, ce qu'exprime la préposition *à*, prenant ainsi en compte la notion de monde, « un être à-, à soi/à l'autre/au même/à rien, un être dont tout l'être tient au *à* »[37]. Pourra-t-on même conserver l'idée de monde, avec ses harmoniques métaphysiques et religieuses, telle qu'elle se maintient quand on parle de mondialisation ?

Dans un monde « déclos, défait et délivré, dé-mondé »[38], comment s'orienter ? Les deux questions kantiennes, « que signifie s'orienter dans la pensée ? » et « que faire ? » ont partie liée. La troisième partie de cet ouvrage s'expose à l'exigence de cette dernière question, car on ne peut se dérober à cette interrogation : que proposent les « déconstructeurs » ? Mais l'idée même de proposition suppose une relation entre l'agir et une anticipation, une providence calculatrice ou encore une délibération préalable qui nous libérerait de l'embarras du choix pour nous permettre d'agir en connaissance de cause. Il faudra alors reconsidérer les notions de liberté et de souveraineté.

Dernier souci : comment les hommes tiennent-ils ensemble ? Comment sont-ils ajustés ? On se rappelle que c'est

---

37. *L'Adoration*, p. 103.
38. *Ibid.*, p. 126.

traditionnellement en termes d'harmonie que la justice est pensée, *harmozein* signifiant à la fois : ajuster, accorder, unir, gouverner. Quel peut être le tenant d'une composition inouïe ? La question invite à réfléchir au sens du monde, si on entend par monde « une certaine teneur de sens », « un *ethos*, un *habitus* et une habitude »[39]. Mais aussi un lien entre les hommes, à ce que pourrait être un affect politique, qui serait autre que la *philia* ou l'identification analysée par Freud. Que pourrait-être une « religion civile » (titre du dernier chapitre du *Contrat social*) ? Nous parlerons donc aussi d'amour, s'il est vrai que « l'adoration, l'adresse de la parole au dehors même de toute parole possible, est une condition de l'existence "démocratique" en tant qu'existence de sujets égaux »[40].

---

39. *La Création du monde ou la mondialisation*, Galilée, 2002, pp. 34, 36.
40. *L'Adoration*, p. 95.

I

L'être-avec

Un spectre hante le monde : le spectre du nihilisme. La civilisation semble ne plus être qu'un vaste et profond malaise. Les hommes vivent ensemble, les uns avec les autres, ils mènent une existence commune ; ce simple constat ne doit pas masquer l'opacité du sens de ce mode de vie. Il convient au contraire de s'interroger sur le sens des modalités du rapport suggéré par ces mots, notamment la préposition « avec ».

L'analyse fourvoyée de Heidegger

Les analyses de Heidegger dans *Être et Temps* (1927) doivent être reconsidérées, afin de comprendre leur enjeu et leur fourvoiement [41]. Pour l'existant caractérisé par

---

41. Le fil directeur de notre propos est ici un article de Jean-Luc Nancy, « L'être-avec de l'être-là

la mise en jeu de son propre sens d'être comme du sens propre de l'être, Heidegger a retenu le terme *Dasein* (être-là), dans lequel il ne s'agit pas de marquer la localisation d'une existence mais d'indiquer une ouverture, une exposition à un sens qui n'est pas donné mais dont le *Dasein* est passible. On pourrait dire, dans des termes plus familiers, que l'homme est « livré à lui-même », à tâche pour lui de prendre en charge une essentielle non-essence. Les analyses les plus développées de cette situation portent sur le « souci », l'« angoisse », le « monde », « l'être-pour-la-mort », etc. Toutefois au paragraphe 26 d'*Être et Temps*, *Mitsein* (être-avec) et *Mitdasein* (être-là-avec) sont présentés eux aussi par Heidegger comme des « existentiaux » constitutifs de l'essence du *Dasein* et non comme des « catégoriaux », des accidents circonstanciels. On s'étonne alors que les analyses attendues tournent court et que le problème annoncé soit négligé pour reparaître, à partir du paragraphe 72, dans une méditation sur la temporalité et l'historialité.

Ce problème, Jean-Luc Nancy en présente ainsi l'épure : « Heidegger fait tout pour affirmer cette essentialité de l'*"avec"* et cette

---

là », paru dans les *Cahiers philosophiques*, n° 111, oct. 2007. On peut lire dans ce même numéro un entretien avec Jean-Luc Nancy conduit par Frédéric Postel.

volonté place son premier trait dans le refus du simple *"avec"* en extériorité des choses assemblées, seulement contiguës entre elles. Son but ultime (...) sera celui qui introduira la catégorie de *peuple* sous laquelle sera cristallisée la possibilité pour le *Dasein* de faire histoire. » Faire histoire, c'est-à-dire sortir du quotidien, monde de l'impropriété et de l'inauthenticité, dans lequel le *Dasein* ne peut accéder à sa possibilité la plus haute, sa propre mort. Ainsi Heidegger aura-t-il été « celui qui a dégagé avec précision l'essentialité de l'*"avec"* existential et qui, pris par ce motif du peuple, cédera à l'attraction du nazisme ».

Il est indispensable pour toute notre modernité de comprendre comment Heidegger a pu broncher et faillir. La pierre d'achoppement est l'entente du commun ; tout tient à une réponse insuffisante à une question simple : comment le *Mitsein* (être-là-avec) est-il possible, et d'abord comment se le représenter ? Trois modes sont possibles en fait : le banal côtoiement, le commun en tant qu'ordinaire ou vulgaire, toujours menacé de retomber dans la contiguïté des choses dérogeant ainsi au principe d'essentialité de l'« avec », ou le commun en tant que communauté fusionnelle.

À chacun de ces régimes correspondrait une figure politique, la démocratie pour le premier, une forme de « totalitarisme » pour le second. Manque le régime intermédiaire, celui du commun comme partage des propriétés (rapports, croisements, mélanges), pour lequel nous cherchons un nom : qu'il s'agisse de penser la communauté, la démocratie, le communisme, la pensée de Jean-Luc Nancy travaille à rechercher cet intermédiaire. Il s'agit, précise-t-il, de relancer une possibilité ouverte par Heidegger et par lui négligée : « Celle de penser l'"avec" exactement comme il l'indiquait, à savoir *ni* extérieur, *ni* intérieur. *Ni* masse, *ni* sujet. *Ni* anonyme, *ni* "mien". *Ni* propre, *ni* impropre. »[42]

Le « manque-à-penser » de Heidegger est toujours le nôtre. Notre réflexion se heurte à une résistance au cœur de notre tradition : « comment l'ordinaire pourrait-il s'élever au sens, à la valeur, et à la vérité ? ». Question d'autant plus délicate que, comme le souligne Heidegger lui-même sans pourtant se mesurer directement à cette difficulté, le propre consiste dans une saisie modifiée du monde même de l'impropre, non dans une simple fuite hors du quotidien ; de même, pourrait-on dire, le sens du monde est « à même » le monde, pour user de cette

---

42. *Ibid.* Nous soulignons.

locution adverbiale très présente chez Jean-Luc Nancy.

La difficulté gît au cœur des distinctions introduites par Heidegger dans son analyse de la sollicitude. Deux espèces du « prendre-soin » doivent être caractérisées ; la première consiste à se soucier *à la place* de l'autre et à lui épargner la peine du souci, soulagement qui est aussi une dépropriation, la seconde remet l'autre dans la propriété de son souci. Mais comment recevoir d'une instance extérieure le propre de sa décision d'existence ? Et pourtant l'économie de l'« avec » reconnaît la nécessité d'un régime de non-extériorité entre les existants ; que se passe-t-il, que passe-t-il entre nous ?

On peut penser cet espace comme coopération, partage des tâches dans lequel la substitution de l'un à l'autre est possible, ou comme « copropriation », engagement commun pour la même chose (cause). Il reste que la simplicité de cette distinction est troublée dès lors que le sens de la mort est en jeu. En effet la mort n'est pas un accident biologique. Heidegger prend bien soin de distinguer *verenden* (faire une fin, périr) et *der Tod als Sterben* (la mort comme mourir propre à chacun). « *On* décède *communément*, tandis que *je* meurs seul », souligne Jean-Luc Nancy. Nul ne peut se substituer à *ma* mort, ultime possibilité qui se joue comme impossibilité de poser le propre. L'absolue solitude de la mort limite donc essentiellement le principe de l'« avec ». Heidegger n'affronte pas cette difficulté dans ces termes. La mort ne peut échoir en partage au quotidien.

C'est après une sorte de saut, bien plus tard dans *Être et Temps* (II, V, « Temporalité et histoire ») que Heidegger revient sur l'élévation de la vie à la hauteur de destin. Le décès ordinaire peut être un coup du sort, de l'ordre de la contingence, la destination de tous, mais il ne s'agit pas d'un destin ; ce passage est une épreuve constitutive de l'« être-avec » ; et Jean-Luc Nancy de citer Heidegger : « Mais lorsque le *Dasein* doué de sort existe en tant qu'être-au-monde de manière essentielle dans l'être-avec d'autres, son advenir est un advenir-avec et il est déterminé comme destin. Avec ce mot nous désignons l'advenir de la communauté, du peuple. » Et la puissance du destin seulement se libère « dans le message et dans le combat ». Ainsi se trouve sublimée ou relevée la mort ordinaire : le *sort commun* de la mort est délivré de sa banalité par le commun destin d'un peuple qui répond à un appel et accède à l'abandon de soi dans le sacrifice à ce destin : « La résolution constitue la *fidélité* de l'existence envers le soi-même propre (...) La résolution comme destin est la liberté pour le *sacrifice* tel qu'il peut être exigé par la situation. » Reste en suspens le sens de cette étroite connexion entre l'essentialité de l'« avec » et, dit Jean-Luc Nancy, « une redoutable destinalité de la communauté ».

Ce que Jean-Luc Nancy dégage de ses analyses mettant en évidence la puissance de la question de Heidegger et la dangereuse insuffisance des réponses avancées est toujours à l'ordre du jour. Il l'énonce ainsi : « Comment penser un partage de la mort, comment penser la mort entre nous, voire la mort comme co-ouverture du là ? Comment penser l'en-avant-de-soi de l'existant autrement que comme une destination, c'est-à-dire très exactement comme une ex-position, et cette ex-position elle-même comme co-exposition, comme exposition de et à l'"avec" essentiel de sa co-constitution ? »[43]

Pour une nouvelle ontologie : être singulier pluriel

Pour se mesurer à ces exigences, il faut déployer une nouvelle ontologie, matrice d'une nouvelle évaluation du politique ; « refaire toute la "philosophie première" en lui donnant pour fondation le "singulier

---

43. *Ibid.*

pluriel" de l'être »[44]. C'est l'ambition déclarée de l'ouvrage de Jean-Luc Nancy, *Être singulier pluriel*. Il nous avertit toutefois dès l'ouverture qu'il ne s'agit pas d'un traité d'ontologie : une telle forme de présentation de la pensée est liée à une métaphysique de l'être comme présence et présent, l'être singulier s'effaçant pour faire place au « discours sans sujet de l'Être-Sujet lui-même ». Or l'être n'est plus sujet ni objet du discours, il est le sens de l'adresse que nous nous envoyons les uns aux autres et cette circulation affecte la condition ontologique de l'être-avec ou de l'être-ensemble. La tradition traitait de l'être ; nous recevons la question de l'être qui nous vient d'un fait : nous sommes, nous existons. Cette existence néanmoins n'est pas celle d'une multiplicité subsumable sous une unité qui la transcende et lui confère une identité, ou enracinable dans une intimité où elle viendrait se fondre et se fonder. « Nous » ne rassemble pas une multiplicité de « je », ne se confond pas simplement dans l'anonymat bruissant du « on » et ne renvoie pas à l'exaltation d'une identité d'essence, de langue ou de sang.

Pour préciser le sens de ce *nous*, il est nécessaire de revenir, avec Jean-Luc Nancy, sur les analyses du « on » chez Heidegger,

---

44. *Être singulier pluriel*, Galilée, 1996, p. 13.

porté par le soupçon « qu'il n'y a pas de "on" pur et simple, et dans lequel l'existant "proprement existant" serait tout d'abord purement et simplement immergé »[45]. Heidegger précise lui-même dans *Être et Temps* (§ 38) : « L'existence propre n'est pas quelque chose qui flotte au-dessus de la quotidienneté échéante : existentialement, elle n'est qu'une saisie modifiée de celle-ci. » Jean-Luc Nancy, qui cite ce texte, souligne immédiatement : « Cette dernière phrase est *décisive* pour la compréhension de l'analytique dans toute son ampleur. »[46] Ce qui est en jeu, c'est la possibilité d'une décision comme détachement du quotidien, d'un écart par rapport à ce mode d'être ; il reste que c'est *à même* le monde, autrement dit *entre* nous que se joue le sens de l'existence, et nulle part ailleurs.

Le bavardage, le « on-dit », est le mode d'être quotidien du *Dasein* ; à ce régime appartiennent les décisions tranchantes et tranchées qui offrent au *Dasein* des « propriétés » qui seraient « authentiques »[47]. Ce monde est donc fermé dans ses

---

45. *Ibid*, p. 25.
46. « La décision d'existence », dans *Une pensée finie*, Galilée, 1990, p. 131.
47. Au sens, pourrait-on dire, du mot « authentique » dans les formules publicitaires. D'où l'usage ici critique et ironique par Heidegger des guillemets.

assurances, alors que l'ouverture est la décision de suspendre la certitude, de se tenir dans l'indécidable. « On » est décidé (dans l'ambiguïté de cette tournure), « on » croit se décider à quelque chose ; la véritable décision se décide à rien. Pour le dire dans les termes de Jean-Luc Nancy, décider voudra dire « s'exposer à l'indécidabilité de sens qu'*est* l'existence. Cela ne pourra donc avoir lieu qu'*à même* la quotidienneté "déracinée", et qu'*à même* l'"impossibilité de décider". »[48] Vérité de la finitude dans sa « fermeté démunie »[49].

Nous autres exposés

Malgré ses précautions Heidegger garde sans doute, hérité du « on-dit », un préjugé tirant le quotidien vers le banal, l'ordinaire, le commun. Or du sein même du parler quotidien, la décision comme écartement, comme espacement s'annonce, même modestement, entre nous, nous entre-ouvre, mettant en jeu l'être singulier pluriel. Notre expérience quotidienne contient des « attestations ontologiques rudimentaires » ; l'une d'entre elles, « les gens sont bizarres », retient particulièrement l'attention de Jean-Luc

---

48. « La décision d'existence », p. 128.
49. *Ibid.* p. 135.

Nancy[50]. Cette expression peut certes signifier la mise à l'écart par laquelle je m'excepte de ceux qui n'ont pas mes propres *habitus*, mais un tel geste n'exclut pas la reconnaissance d'une identité : nous sommes tous des *gens*, indistinctement, « tout un *genre* commun, mais un genre qui n'aurait d'existence que nombreuse, dispersée, indistincte dans sa généralité et saisissable seulement dans la simultanéité paradoxale de l'ensemble (…) et de la singularité disséminée »[51]. Dans ce constat banal de la bizarrerie des gens une reconnaissance plus primitive se décèle : tous les gens sont bizarres, tous les gens sont singuliers ; nous sommes en rapport à la fois avec des prochains, des autres, des étrangers, des semblables, mais d'abord avec des singularités. D'où l'exigence du monde moderne : « penser cette vérité : que le sens est *à même*. Il est dans la pluralité indéfinie des origines, et dans leur co-existence »[52].

Le sens de cette pluralité, qui n'est ni l'informité du « on », ni la multiplicité des exemplaires d'un type, ni l'ensemble des individuations d'un genre, est déposé dans la langue. On peut y relever une « compréhension pré-ontologique »[53] que la

---

50. *Être singulier pluriel*, p. 23 sq.
51. *Ibid.*, p. 25.
52. *Ibid.*, p. 28.
53. *Ibid.*, p. 93.

société a d'elle-même. Ainsi, pour prendre un exemple souvent sollicité par Jean-Luc Nancy : le pluriel latin *singuli* (qui ne possède pas de singulier), traduit par « chacun », le *chaque un* du *un par un*. On songera aussi à l'espagnol *nosotros* : « nous autres », nous les uns avec les autres et distincts les uns des autres. Enfin l'anglais *everybody* que l'on traduit par « tout le monde », non pas au sens où il y a le monde dans sa totalité et son unité mais où il y a « du monde ». Autant de façons de dire, au gré de chaque idiome, que la pluralité de l'étant est au fondement de l'être. Et que notre être-en-commun est *ex-position*. Nous sommes corps à corps, ce qui veut dire que le sens de l'être est engagé *entre* nous et nous, dépouillés que « nus sommes »[54] désormais de tout recours mythologique, théologique ou métaphysique. Mais non déchargés de l'exigence du sens et de l'obligation d'une rectitude de l'agir.

Quelques pièges sont ici à déjouer et tout d'abord celui du sens du préfixe *ex-*, dans *ex-position* ou existence (terme parfois orthographié ek-sistence) ; il ne s'agit nullement d'indiquer un accident qui affecterait un être déjà là, soudain ravi en extase. L'« *ex-* » est premier, comme l'« avec »,

---

54. Cf. J.-L. Nancy, F. Ferrari, *Nus sommes. La peau des images*, Klincksieck, 2002.

il est ouverture et espacement ; seule existe la *dis-position* des corps (c'est-à-dire des singularités), distincts *partes extra partes*. Si l'on veut ici parler de matérialisme, ce ne peut être que dans ce sens précis : « "Dieu est mort" veut dire : Dieu *n'a plus de corps*. Le monde n'est plus l'espacement de Dieu ni l'espacement en Dieu : il devient le monde des corps. »[55] Autrement dit : « l'ontologie de l'être-avec est une ontologie des corps, de tous les corps, inanimés, animés, sentants, parlants, pensants, pesants »[56]. Ces corps comparaissent, paraissent ensemble ; l'espace de cette comparution est le monde commun ; il semble néanmoins que, si nous sommes *en* commun, nous n'avons rien *de* commun, sinon ce qui nous (dé)partage et que nous partageons : rien. Toutefois il faut être attentif au fait que « la communauté est nue mais (qu')elle est impérative »[57], et elle l'est catégoriquement. C'est sur cet enjeu de la comparution qu'insistent Jean-Luc Nancy et Jean-Christophe Bailly : « L'événement d'être en commun, nous le nommions (en 1991)

---

55. *Corpus*, Métailié, 1992, 2000, 2006, p. 53. Toute la réflexion de Jean-Luc Nancy sur le politique est en relation étroite avec ses analyses de la tradition théologique et sa démarche de « déconstruction du christianisme ». On notera que la notion même de corps ou de chair est au cœur de cette problématique chrétienne de l'incarnation.

56. *Être singulier pluriel*, p. 107.

57. *Ibid.*, p. 56.

"comparution" (…) Nous paraissons ensemble, c'est-à-dire aussi les uns devant les autres et pour un jugement qu'aucun droit ne précède ni n'organise. Nous paraissons devant nous-mêmes, c'est-à-dire devant une mêmeté qui n'est pas identité, qui conjoint en nous disjoignant et ne doit pas nous faire ruiner l'hypothèse d'une unité dont nous écrivions ici que l'échec du communisme l'avait pour longtemps détruite. » [58]

La communauté ne partage pas une vérité, elle ne reçoit pas en partage un héritage indivis ; ce qui la conjoint *et* la disjoint, c'est l'abandon à une injonction, à un impératif qui ne prescrit rien que cet abandon [59]. Nous comparaissons « pour un jugement » antérieur à tout fondement du droit et à toute fondation du politique, à la fois pour juger et être jugé. De ce fait l'homme est exposé à la responsabilité. C'est dans cet esprit que Jean-Luc Nancy pense l'impératif catégorique de Kant. Car qu'en est-il de ce commandement qui, d'une certaine façon, n'impose rien ? « Qu'en est-il de l'homme, si l'homme est non pas rapporté à l'homme comme une chose à son concept, comme une réalité à son évidence ou comme un sujet à

---

58. *La Comparution*, p. 8 (écrit en juillet 2007).
59. Ce motif est analysé dans « L'être abandonné » (*L'Impératif catégorique*, Flammarion, 1983), p. 139 sq.

une substance (en lui, en Dieu, en l'Être) mais *si l'homme est enjoint à l'homme ?* »[60] La question se trouve confirmée vingt ans après : « Le sujet assujetti à cette réceptivité de l'ordre (...) reçoit l'ordre – il se reçoit en tant que l'ordre – de faire un monde (...) c'est-à-dire de rejouer à nouveaux frais ce que *ex nihilo* veut dire. »[61] Par-delà nihilisme et humanisme, ajouterons-nous.

---

60. *Idem*, p. 112.
61. Préface à l'édition italienne de *L'Impératif catégorique* (nous avons consulté le texte d'origine en français).

II

Un monde « dé-mondé »

Si l'on entend par monde « un ensemble auquel appartiennent en propre une certaine teneur de sens et un certain registre de valeur » et si « l'appartenance à cet ensemble consiste dans le partage de cette teneur et de cette tonalité »[62], alors force est de reconnaître que la terre des hommes est « un monde qui n'arrive pas à faire monde, un monde en mal de monde et de sens du monde »[63]. Ce jugement est énoncé après un état des lieux d'affrontements identitaires, dont Sarajevo est devenu, en cet été 1995, « le nom-martyre, c'est-à-dire le nom-témoin ». Ce dénombrement inachevable des lieux semble ruiner tout espoir d'un monde comme lieu commun où « tout le monde » puisse habiter ; cette énumération est la

---

62. *La Création du monde ou la mondialisation*, p. 34.
63. *Être singulier pluriel*, p. 12.

litanie des misérables et des égarés en cette « fin du monde », *hic et nunc*, dont le sens pourrait se dire ainsi : « Tout le sens est à l'abandon » ou encore : « *La fin du sens du monde* en tant que *fin du monde du sens.* »[64] Ce qui veut dire à la fois que le sens n'est plus reçu d'un ailleurs quelconque *et* qu'il nous est remis comme risque et comme chance.

La « fin du monde »

Notre temps est celui de la mondialisation, nommée aussi, à l'anglaise, globalisation. Il serait trop court de ne voir dans ce phénomène qu'une extension de l'Occident à l'échelle planétaire, sous la forme de la domination de la puissance technique et de la raison économique pure. L'enjeu est également, et peut-être d'abord, de comprendre la déconstruction des catégories de cosmos et de création dans lesquelles le monde était pensé dans la tradition gréco-judéo-chrétienne. Le langage le plus commun aujourd'hui, dans ses hésitations et ses tensions, témoigne de cet ébranlement : on parle aussi bien d'organisations mondiales que d'institutions internationales. Symptomatique de cette confusion est la prolifération des guerres après la fin des guerres mondiales, qui ne fait que

---

64. *Le Sens du monde*, p. 11, p. 15.

souligner les apories de la souveraineté et de ce fait l'impossibilité de penser un ordre lié à une souveraineté mondiale qui s'exercerait au nom du genre humain s'engageant ainsi dans des guerres « justes ». « L'état mondial de la guerre exprime donc – comme sa cause ou comme son effet – une exigence simple : il faut une autorité qui dépasse celle des Souverains doués du droit de guerre. À strictement parler, cette exigence n'a aucun moyen d'être reçue dans l'espace et dans la logique de la souveraineté. »[65]

Nonobstant, les États qui se réclament de la démocratie se considèrent aussi comme membres d'une « communauté internationale », dont le « commun » n'est pas celui bien sûr d'une « internationale communiste » ni celui du « communautarisme ». On n'oubliera pas non plus le « communisme » ou la « communion » des premières communautés chrétiennes et celui, toujours actuel, des communautés monastiques. « Il paraît étrange, dans une certaine mesure, remarque Jean-Luc Nancy, que l'enquête et le commentaire sur l'histoire du mot "communisme" soient rares, et tout d'abord

---

65. *Être singulier pluriel*, « Guerre, droit, souveraineté – technè », § 3 : « Ecotechnie », p. 155. La rédaction de ce texte commença le 26 février 1991, au lendemain de la décision de dissoudre le Pacte de Varsovie.

dans la tradition communiste elle-même. Comme si on avait considéré que son sens et sa provenance allaient de soi. Ce qu'on peut accorder, bien sûr, mais non sans interroger cette évidence elle-même. »[66] Au centre de ce réseau lexical gisent les notions de souveraineté et de commun : quel souverain (prince ? peuple ? pontife ?) pourrait énoncer, voire prescrire, ce que les hommes ont *de* commun ? Il reste que, dans l'hypothèse où les hommes n'ont rien *de* commun, le fait est qu'ils vivent *en* commun, un fait à comprendre comme un « transcendantal empirique », le fait de l'existence comme « la transimmanence de l'être-au-monde »[67].

Avant de soutenir de tels propos, il est nécessaire de se demander s'il est encore possible de donner forme ou figure à un monde ; notre monde semble avoir perdu ses assises et le globe de la globalisation se confond désormais avec son doublet, le *glomus* de l'agglomérat. Dès l'ouverture de *La Création du monde ou la mondialisation*, Jean-Luc Nancy interroge et suggère des ressources qui peuvent désorienter : « Ce qu'on nomme "mondialisation", cela peut-il donner naissance à un monde ou à son contraire ? (…) comment nous donner (nous

---

66. « *Communisme*, le mot. »
67. *Les Muses*, Galilée, 1994, p. 36, 40.

ouvrir) pour regarder devant nous, là où rien n'est visible, des yeux guidés par ces deux termes dont le sens nous échappe – la "création" (jusqu'ici réservée au mystère théologique), la "mondialisation" (jusqu'ici réservée à l'évidence économique et technique, autrement dénommée "globalisation") ? » [68]

La démarche proposée, dans son étrangeté et sa délicatesse, caractérise le geste déconstructeur. Après tout il ne va pas de soi de prendre pour guides des notions dont le sens nous échappe, pour regarder ce qui vient sans être prévisible ou providentiel ; et cela d'autant moins que le choix du motif de la création est assorti d'une précaution de taille : nous devons le ressaisir « hors de son contexte théologique » [69].

Si l'on veut comprendre la réévaluation de cette notion, il faut la situer dans les analyses précises où elle se trouve formulée : le commentaire d'un texte de Marx traitant de

---

68. *La Création du monde ou la mondialisation*, pp. 9-10.
69. *Ibid.*, p. 54. En toile de fond de ce geste, toute l'entreprise de déconstruction du christianisme menée par Jean-Luc Nancy, dont *La Déclosion*, et *L'Adoration*, sont les principaux jalons. Mais cette préoccupation vient de plus loin, d'avant même le livre de Marcel Gauchet, *Le Désenchantement du monde* (Gallimard, 1985), auquel se réfère Jean-Luc Nancy.

la création de l'homme par l'homme, l'interrogation de Kant au sujet du jugement sur les fins, les rapports entre métaphysique, technique et nature dans la tradition occidentale[70].

Création de l'homme, création du monde

Pour faire face à ce qui, du présent, nous surprend, « jusqu'à son étrange absence de présence », Jean-Luc Nancy prend son appel dans un texte de *L'Idéologie allemande*[71]. Marx met en relief que mondialisation et domination du capital concordent jusqu'à un point qui inverse le sens de la domination ; la révolution communiste délivrera les individus des barrières sociales et nationales et ils seront « mis en contact pratique avec la production (y compris celle de l'esprit) du monde entier, capables d'acquérir la faculté de jouir de cette production multiforme du globe entier (création des hommes – *Schöpfung der Menschen*) ». On peut bien sûr remarquer une nouvelle fois que

---

70. Respectivement les chapitres « Urbi et Orbi », « De la création » et « La création comme dénaturation : technologie métaphysique », dans *La Création du monde ou la mondialisation*.

71. K. Marx, *L'Idéologie allemande*, dans *Œuvres III*, trad. Maximilien Rubel, Gallimard, 1982, p. 1070. Cité par Jean-Luc Nancy dans *La Création du monde ou la mondialisation*, pp. 18-19.

l'homme dont il s'agit ici reste un terme téléologique ou eschatologique qui maintient la pensée d'un processus historique comme accomplissement sans reste d'une essence. On ne saurait toutefois négliger ce que Marx engage dans cette distinction de la production et de la création : peut-on « mettre au clair l'essence de la *valeur* en soi ou absolue : celle que Marx désigne comme la "valeur" tout court, qui n'est pas valeur d'usage et dont la valeur d'échange est le masque phénoménal et l'extorsion sociale »[72]. La mondialisation du capital est la prolifération infinie des valeurs d'échange, prise dans le cycle d'une équivalence générale qui est elle-même sa propre fin.

Jean-Luc Nancy parle d'une « finalité en boucle »[73]. La jouissance que Marx appelle de ses vœux, comme toute jouissance d'ailleurs, ne peut advenir dans ce « procès autistique sans fin »[74] de la production et de la puissance. Il faut pouvoir suspendre ce « mauvais infini », à propos duquel Jean-Luc Nancy reprend toujours l'analyse critique de Hegel[75], pour donner lieu à l'actualité de la

---

72. *La Création du monde ou la mondialisation*, p. 25.
73. *Id.*, p. 28.
74. *Ibid.*, p. 29.
75. G. W. F. Hegel, *Encyclopédie des sciences philosophiques* de 1830, § 94.

jouissance, c'est-à-dire à l'inscription finie de son infinité. Il s'agit en fait d'envisager une valeur inévaluable, incommensurable, de passer du registre de la « valeur » *(Wert)* à celui de la « dignité » *(Würde)*[76] ; l'homme valeureux non seulement n'a pas de prix, mais se trouve au-delà de l'évaluable. D'où la question : « Comment faire droit à l'infini en acte dont l'infinie puissance est l'exact revers ? »[77]

Valeur et mesure sont liées et la question de la mesure est toujours celle de la juste mesure. Les mythes livraient aux hommes théogonies et cosmogonies rappelant l'origine des dieux et du cosmos dans son ordre et sa beauté (ce sont là les deux sens du verbe grec *kosmein*) ; avec l'interruption du mythe et le retrait des dieux une nouvelle démarche est engagée, celle des cosmologies supposant un logos (« raison ») ou un « principe » *(archè)* du monde. Ce dessein a pris un tour très problématique et constitutif de l'histoire de l'Occident quand il fallut concilier la pensée grecque de l'unité du principe et la tradition judaïque de l'unicité de Dieu. À cette croisée, dans sa tension

---

76. *Würde* est déjà le mot de Kant par exemple. *Wert* et *Würde* appartiennent au même groupe sémantique.
77. *La Création du monde ou la mondialisation*, p. 30.

d'origine, se tient le christianisme. Il reste que, tant qu'un philosophe « synoptique » (pour reprendre le terme de Platon) ou « cosmothéoricien »[78] a jugé possible d'embrasser le monde du regard et de le rassembler dans l'unité d'une vision contemplative, l'être humain pensait savoir à quoi se mesurer. Cette ambition est à l'origine même de l'histoire de la philosophie, telle que cette dernière la met en scène dans l'affrontement entre Socrate et les sophistes dont la formule de Protagoras résume en quelque sorte la position : « De toutes choses, l'homme est la mesure *(metron)*, de celles qui sont, qu'elles sont, de celles qui ne sont pas, qu'elles ne sont pas. »[79] Cette réflexion sur la mesure et la

---

78. Kant évoque encore cette formule ; cf. son *Opus posthumum*, Liasse I, 3, p. 2. J.-L. Nancy renvoie à ce texte en rappelant dans *Le Sens du monde* que *Kosmotheoros* fut le titre d'un livre de Christian Huyghens (p. 62, n. 1). En 1976, Jean-Luc Nancy publie chez Flammarion *Le Discours de la syncope. I Logodaedalus.* Le deuxième tome devait s'intituler *Cosmotheoros*.

79. Pour la discussion de cette formule grecque dans sa différence avec ce qui inspire les Temps modernes, on se reportera à l'ouvrage de Heidegger, *Chemins qui ne mènent nulle part*, « L'époque des conceptions du monde » *(Weltbilder)*, Complément 8, trad. W. Brokmeier, Gallimard, coll. « TEL », 1988, p. 133 sq. Cette conférence prononcée le 9 juin 1938 marque un retournement de Heidegger contre le nazisme.

valeur court tout au long de l'histoire de la métaphysique, mais les Temps modernes opèrent un déplacement essentiel qui constitue leur originalité : cette époque de l'humanisme est celle des « conceptions du monde », ainsi que l'expose Heidegger : « *Weltbild* ne signifie donc pas une idée du monde, mais le monde lui-même saisi comme ce dont on peut "avoir-idée". »[80] Il faut préciser, en français, qu'il est question d'une représentation du monde, au sens de Heidegger : « amener devant soi en ramenant à soi ». D'où la remarque de Heidegger : « Ne nous étonnons pas de voir commencer le règne de l'humanisme là où le monde devient image-conçue. »[81]

On pourrait dire que Marx reprenant la question de la valeur « absolue » et Heidegger, lecteur de Nietzsche, questionnant la « vérité » et la « valeur », ont en commun l'effort de se situer hors de la représentation, ou encore hors du calculable et du vérifiable. L'homme de l'humanisme doit se hausser ou se hisser jusqu'à l'Incalculable (c'est le mot de Heidegger dans la dernière page de la conférence évoquée) ; dans les termes de Jean-Luc Nancy, les hommes ont en commun l'incommensurable.

---

80. *Ibid.*, p. 117.
81. *Ibid.*, p. 120, pp. 121-122.

La « fin du monde » dont nous sommes les contemporains peut être entendue comme la fin du monde représenté. Or une telle sortie de la représentation ruine la position de l'homme *dans* le monde et le laisse *au* monde, un tel changement de préposition résumant, en français, « le problème du monde » : l'existant n'est plus *dis-posé* selon la même modalité. Cela n'est possible que si l'on en vient à penser « un monde sans Dieu capable d'être le sujet de sa représentation (et donc de sa fabrication, de son entretien et de sa destination) », parce que « le Dieu de l'onto-théologie s'est lui-même produit (ou déconstruit) comme sujet du monde, c'est-à-dire comme monde-sujet. Ce faisant il se supprimait comme Dieu-étant-suprême et il se transformait tout en s'y perdant, en l'existence pour soi d'un monde sans dehors *(ni hors du monde ni monde de dehors)* »[82]. En question alors la notion de création, d'autant plus, avance Jean-Luc Nancy, qu'il n'y a pas de voie plus sûre que ce motif, constant dans la tradition de l'Occident, pour éloigner de la représentation la pensée du monde.

Avant d'aller plus avant, il est instructif de consulter ce que peut énoncer sur ce point un

---

82. *La Création du monde ou la mondialisation*, p. 38. Nous soulignons.

discours théologique savant et critique[83]. Certes l'idée de création est inaugurale ; on connaît les deux récits de la Genèse. On observe cependant que ce n'est pas avant le deutéro-Isaïe (Is, 40-55), pendant l'exil, que se trouve formellement attesté le lien entre création et monothéisme. Et ce qui se manifeste ainsi n'est pas tant la croyance en un Dieu créateur que la constitution du réseau des notions de création, de salut, de cosmos, d'histoire. L'Église primitive hérite de cette foi, présente dans les premiers symboles baptismaux, en un Dieu créateur, *pantocrator* : cette formule aura toutefois à être explicitée quand le christianisme devra se démarquer du modèle démiurgique platonicien (celui du *Timée*), de l'émanatisme néo-platonicien, du manichéisme et du gnosticisme. Pour répondre à ces exigences a été forgée l'expression *ex nihilo* ou *de nihilo* dont on trouve une des premières occurrences au IIᵉ siècle dans *Le Pasteur* d'Hermas : « un seul Dieu, celui qui a tout créé et organisé, qui a tout fait passer du néant à l'être »[84]. Dès la fin de l'Antiquité, *ex*

---

83. *Dictionnaire critique de théologie*, sous la direction de Jean-Yves Lacoste, PUF, 1998, 2007. Plus particulièrement l'article « création » rédigé pour partie par Paul Beauchamp (« Théologie biblique »), pour partie par Irène Fernandez (« Théologie historique et systématique »).

84. Hermas, *Le Pasteur*, trad. R. Joly, Cerf, 1986, p. 145.

nihilo devient la formule technique pour spécifier la relation de création, l'expression retenue « pour penser le moins mal possible un type d'origine jamais encore pensé et qui échappait plus que tout autre à la représentation »[85].

Si l'on peut comprendre ce que veut écarter l'*ex nihilo*, quelle ressource pourrait offrir cette notion que Jean-Luc Nancy entend extraire de son contexte théologique tout en y cherchant un recours pour penser autrement le « monde » ?

La pensée d'une telle création contient l'idée d'une absence de nécessité : « *Ex nihilo*, c'est-à-dire : rien au principe, rien que cela qui est, rien que cela qui croît *(creo, cresco)* sans principe de croissance, même pas (surtout pas) le principe d'une nature. » Toutefois on ne reconduira pas une posture nihiliste liée à la « mort de Dieu ». Nihilisme, en effet, « veut dire : faire principe du rien. Mais *ex nihilo* veut dire : défaire tout principe y compris celui du rien. Cela veut

---

85. Ce sont les propos d'Irène Fernandez dans son article cité *supra*. Il faut se garder des anachronismes : la « représentation » dont les Pères veulent se déprendre n'est pas celle, signature des Temps modernes, que déconstruit Heidegger. Toutefois, dans chaque cas se pose la question du rien.

dire : vider *rien* (*rem* : la chose) de toute principialité : c'est la création »[86].

Rien n'est pas non plus le non-être, le néant, qui reste pensé comme une négation *de* l'être ou l'absence de toutes choses. Rien est la chose même *(res)*, et la chose même est : le monde existe. Sur ce point Jean-Luc Nancy en appelle souvent à Wittgenstein : « Ce qui est mystique, ce n'est pas *comment* est le monde mais le *fait* qu'il est. »[87]

« Juste impossible »

On ne saurait, dans notre tradition, toucher au principe sans toucher à la fin. Que la réflexion sur la fin puisse exiger de penser à nouveaux frais l'idée de création, Jean-Luc Nancy le pointe, poursuivant un échange avec Jean-François Lyotard[88] sur la problématique

---

86. *La Déclosion*, p. 39.
87. L. Wittgenstein, *Tractatus-logico-philosophicus*, 6.44, trad. P. Klossowski, Gallimard, 1961, p. 173. Texte cité par Jean-Luc Nancy dans *La Création du monde ou la mondialisation*, p. 57.
88. L'échange fut engagé au cours du Colloque de Cerisy consacré au travail de Lyotard, en 1982, par un texte de Jean-Luc Nancy, « Dies irae ». Cf. collectif, *La Faculté de juger*, Minuit, 1985. En 1999, Jean-Luc Nancy donna le texte « Dies illa » au colloque du Collège international de philosophie publié sous le titre : *Jean-François Lyotard. L'exer-*

du jugement et, plus précisément du « jugement des fins », dans la *Critique de la faculté de juger*.

Ce jugement, que Kant nomme « réfléchissant », doit être énoncé alors que « l'universel n'est pas donné » (à la différence du jugement « déterminant » qui concerne l'objet mathématico-physique). Cette distinction des deux types de jugement, que l'on pourrait être tenté de lier dans un rapport d'analogie, n'est pas symptomatique d'un défaut de l'entendement, mais rend compte de l'impossibilité de présenter une réalité qui n'est pas donnée mais visée – par exemple *un monde*, un monde *digne de ce nom*. Si le jugement déterminant procède par construction, par étayage d'un concept sur une intuition, le jugement réfléchissant « se trouve placé devant – ou suscité par – un inconstructible qui répond à une absence d'intuition »[89]. Or l'inconstructibilité, l'indéterminabilité ou l'inobjectabilité, c'est précisément ce qui constitue chez Kant l'existence[90].

---

cice du différend, PUF, 2001. Il est repris comme chapitre intitulé « De la création », dans *La Création du monde ou la mondialisation*.
89. *La Création du monde ou la mondialisation*, p. 70.
90. *Id.*, p. 79. Avec le renvoi indiqué par Jean-Luc Nancy à la « Preuve » des « Analogies de l'expérience », dans la *Critique de la raison pure*.

Dès lors nous n'avons plus affaire à une « humanité raisonnable » mais à la pluralité et à la coexistence des existences singulières. Rendre justice au singulier pluriel est « un des secrets ou des ressorts les plus puissants tendus dans l'histoire depuis deux siècles, ou bien depuis le début du christianisme : *l'égalité des personnes dans l'incommensurabilité des singularités* »[91]. Cette justice, « juste impossible »[92], est un des motifs les plus graves du travail de J.-L. Nancy ; elle hante toute pensée du politique et du droit qui n'a d'autre mesure que cette incommensurabilité.

Il ne s'agit pas d'en conclure à l'impossibilité de la justice, mais de considérer qu'« il n'est pas de justice sans cette expérience de l'impossible »[93], sans cette épreuve d'une tension entre la justice et le droit. L'enjeu n'est pas ici d'élaborer classiquement une casuistique ou une jurisprudence infinie afin d'articuler l'universalité de la loi et la singularité des cas ; la tâche est bien plutôt de penser cette impossible justice en affrontant les apories de l'indécidabilité. L'impossibilité

---

91. *Ibid.* Nous soulignons.
92. *Juste impossible. Petite conférence sur le juste et l'injuste*, Bayard, 2007.
93. J. Derrida, *Force de loi. Le « fondement mystique de l'autorité »*, Galilée, 1994, p. 38. Dans la première partie de cet ouvrage Derrida commente la célèbre pensée de Pascal, « Justice, force » en sollicitant la tournure anglaise *to enforce the law*.

du juste tient à ce que le droit prétend s'exercer au nom de la justice et que celle-ci exige de s'incarner dans un droit (un *corpus*) qui doit être mis en œuvre par la force *(enforced*[94]*)*. Or il semble impossible de maîtriser une critériologie décidant d'une distinction assurée entre la violence fondatrice du droit et la violence conservatrice de celui-ci, ou entre la force (ou les forces) de l'ordre et celle de la violence. Il reste que ces expériences de l'aporie de l'indécidabilité n'écartent pas l'exigence de juger, donc de discerner les raisons et les fins dans le monde des existants.

Il faut le jugement, même si le jugement toujours est en défaut. D'où l'apparition chez Kant, « en creux et hors de la théologie »[95], comme l'écrit Jean-Luc Nancy, d'une question inédite de la création. Comment en effet peut être encore envisagée, même ainsi, chez l'auteur d'une stricte limitation de la métaphysique, « la thèse d'une création du monde, rendue inadmissible par la destitution d'un Dieu-principe du monde, mais en même temps ravivée ou aiguisée comme en négatif par l'exigence de penser un monde dont ne sont plus données ni la raison, ni la fin, ni la provenance, ni la

---

94. *Ibid.*, pp. 49-50.
95. *La Création du monde ou la mondialisation*, p. 84.

destination, tandis qu'il faut pourtant le penser comme monde, c'est-à-dire comme totalité de sens au moins hypothétique ou asymptotique – ou encore comme totalité en soi plurielle d'un sens toujours singulier ? » [96]

Une fois encore Jean-Luc Nancy est confronté à la notion de création. « À condition de s'entendre, cela va de soi », précise-t-il. En toile de fond, toute l'entreprise de « déconstruction » du christianisme, dont un bilan est proposé : « le dieu unique, dont l'unicité est le corrélat de l'acte créateur, ne peut pas précéder sa création, pas plus qu'il ne peut subsister au-dessus ou à part elle en quelque façon. Il se confond avec elle : s'y confondant, il s'y retire et s'y vide, s'y vidant il n'est rien d'autre que l'ouverture de ce vide. Seule l'ouverture est divine, mais le divin n'est rien de plus que l'ouverture. (…) L'ouvert ou le "rien" tisse la comparution des existants, sans les rapporter à quelque unité d'origine ou de fond. » [97] On peut fort bien entendre cette ouverture comme le *fiat* de la création : « *que* l'étant soit », « mais ce "que" confond alors en lui l'indicatif, le subjonctif et l'impératif : ainsi se modalise la transitivité du verbe "être" ».

Tenter de penser le verbe « être » comme transitif peut sembler un défi à la grammaire.

---
96. *Ibid.*, pp. 78-79.
97. *Ibid.*, pp. 93-94.

Pour préciser l'enjeu de cette tentative, Jean-Luc Nancy mobilise la différance de Derrida, qui « essaie de penser que l'"être" n'est autre que l'*ex-* de l'exister ». Il faut la comprendre « comme la structure génératrice propre à l'*ex nihilo* ». Ce surgissement des existants, espaçant des présences disposées ensemble et exposées les unes aux autres, est la différance, qui est mouvement : « il y a une mobilité principielle (de principe et du principe) » ; ou encore, dans une tournure lapidaire : « Différance essaie de dire l'événement de toute venue. »[98] Ce mouvement libère la possibilité d'un sens infini du fini, « l'excès, l'exubérance, le débordement ». Cette venue, d'une inépuisable fertilité[99], qui s'épuise et qui se renouvelle, ne se dépose pas dans une présence, elle n'est pas saisissable dans une représentation ; on pourrait dire que « création » signifie « naître à la présence », que c'est « l'en-train-d'avoir-lieu » qui comme tel n'a ni commencement ni fin. La venue « différante » est aussi bien un départ. « La présence ne vient pas sans effacer la Présence que la représentation voudrait désigner (son fond, son origine, son sujet).

---

98. « La différance ici et maintenant », *Le Magazine littéraire*, n° 498, juin 2010.
99. Sur la « fertilité » du monde, on lira « Fortuite, futile, fertile », dans *L'Étrangère*, n° 26/27, Bruxelles, 2011.

La venue est une allée-et-venue... qui n'excède nulle part le monde vers un Principe ou une Fin, c'est le monde lui-même, c'est sa venue, c'est notre venue, à lui, en lui. » [100]

Écotechnie

Enfin pour revenir une dernière fois sur cette « dé-fection » du monde, qui est aussi en quelque manière une délivrance, dans l'attente d'un monde « autrement que le "monde" », considérons que la fin du « monde du sens » est aussi « la fin des fins » ou, ce qui revient au même, la prolifération indéfinie des fins. Il est devenu assez banal de rappeler, dans le fil des analyses de Heidegger, que la métaphysique s'achève dans la forme de la technique dont la domination est planétaire. Mais il faut aussi interroger le couplage, dans un rapport d'opposition, de la nature *(physis)* et de la technique *(technè)*, dont Aristote a repris la formulation déjà ancienne en la formulant dans une « logique du supplément », pour reprendre la formule de Derrida[101]. Dire

---

100. « Naître à la présence », dernier chapitre de *Le Poids d'une pensée*, Le Griffon d'argile, 1991, pp. 131, 134.

101. Cf. notamment deux textes de Jacques Derrida qui portent le même titre : « Le supplément d'origine » : le dernier chapitre de *La Voix et le phénomène*, PUF, 1967 et le final de *De la grammatologie*, Minuit, 1967.

que la technique supplée la nature, c'est soutenir à la fois qu'elle lui vient en suppléance et en supplément, pour compléter un ordre naturel souffrant de certains manques et ajouter un ordre spécifiquement humain de préoccupations. Un tel propos suppose deux conditions : que la nature est incomplète et que la technique puisse se greffer sur la nature en utilisant ses matériaux et ses forces. D'où une conséquence importante, note Jean-Luc Nancy : la technique ne vient pas du dehors de la nature, et « si la nature est définie comme ce qui accomplit de soi-même ses fins, alors la technique doit être reçue elle aussi comme une fin de la nature puisque c'est d'elle que naît l'animal capable de – ou en besoin de technique »[102]. Aussi la technique, qui transforme incessamment les fins en moyens pour de nouvelles fins, construit-elle en retour, et détruit-elle, « l'idée même de cette "nature" : son immanence, son autofinalité, sa loi d'épanouissement »[103]. La différence

---

102. Notre propos ici est d'articuler la lecture de deux textes de Jean-Luc Nancy : le chapitre III, « La création comme dénaturation : technologie métaphysique », dans *La Création du monde ou la mondialisation*, et « De la struction », dans *Dans quels mondes vivons-nous ?*, A. Barrau et J.-L. Nancy, Galilée, 2011. Les chapitres I (« Plus d'un ») et III (« De la struction ») sont de Jean-Luc Nancy.
103. *Dans quels mondes vivons-nous ?*, p. 86.

supposée évidente du naturel et de l'artificiel (l'artifice de la technique et de l'art) se trouve ainsi troublée et sans doute caduque.

L'étroite corrélation des notions de technique, de nature et d'histoire est ancrée dans la question fondamentale du commencement de la philosophie. Tout tient à un « axiome permanent », selon Jean-Luc Nancy : « La philosophie commence d'elle-même »[104] ; c'est ainsi qu'elle se présente et cette présentation est son commencement. Par ce geste, elle se trouve grevée, et avec elle l'Occident dont elle est l'envoi, des apories de toute structure et processus autoconstitutif et autoréférentiel.

La question de la provenance de ce commencement ne saurait être esquivée, qui fait de la « déconstruction » une démarche « congénitale »[105] de la philosophie ; en effet celle-ci s'excepte de l'histoire et *en même temps* s'y engage comme processus d'auto-accomplissement de soi par la médiation de toutes les figures de son altération. Comme si, bien que commençant d'elle-même, elle n'était pas d'emblée donnée comme ce qu'elle prétend et désire être. Malgré les réticences de la philosophie à penser sa

---

104. *La Création du monde ou la mondialisation*, p. 105.
105. *Id.*, p. 119.

propre provenance (en tenant à distance notamment les approches anthropologiques), il reste que l'arrivée de la métaphysique comme *factum rationis empiricum* doit être située.

Jean-Luc Nancy rappelle deux caractéristiques essentielles des circonstances historiques. Entre le XIIᵉ et le IXᵉ siècle avant notre ère, se trouve ébranlé le monde mythico-religieux du sens donné et de la vérité pleine et présente ; c'est alors que sont produits les concepts de « sens » et de « vérité ». Cette aventure ou cette ouverture, Jean-Luc Nancy propose de la nommer « l'*échappée* inaugurale de l'Occident »[106], expression à entendre de multiples façons. Le sens enfui, la philosophie est d'abord l'exposition à l'incommensurable ; l'échappée est ici la soustraction à la pensée mythique qui assurait les principes et les fins, désormais « barrés » et dont le retrait engendre le désir, jamais comblé, du sens. L'échappée est aussi l'espace libre et étroit qui ménage un passage ou une vue : on pourrait dire que l'histoire de la métaphysique est la suite des efforts déployés pour figurer ou configurer ce qui est entr'aperçu. L'insistance de la métaphore oculaire dans le discours philosophique dit à la fois l'attente de la présence et sa déception

---

106. *Ibid.*, p. 122.

répétée : en fait la « fin de la métaphysique », structurelle et non diachronique, est « finie » d'origine, pourrait-on risquer, parce qu'« en elle s'articule un *non-donné* du sens ou de sens »[107].

Cette « soustraction-addition de sens qui fait la philosophie » arrive par « quelque force », qui « à tous égards est celle de la *technique* ». Une deuxième précision historique est donnée par Jean-Luc Nancy : entre le Xᵉ et le VIIᵉ siècle avant notre ère, sur l'arc d'Asie mineure, apparaît une « production des fins »[108], une invention de moyens pour satisfaire ce qui n'est plus de l'ordre de la subsistance. Pour désigner cet écart, ce « désamarrage », Jean-Luc Nancy avance le terme de *dénaturation*, sans céder pour autant à la tentation de se référer à une « nature » perdue ; c'est le motif même de la « nature » qui est par lui-même dénaturant. Avec la technique s'ouvre une interrogation particulière au sujet de la nature et en même temps une question sur la provenance elle-même non naturelle de la nature, sous les espèces d'une « création *ex nihilo* », une « dénaturation continue », oserait-on dire.

S'il se trouve donc confirmé qu'il devient nécessaire de renoncer à penser « nature » et

---

107. *Ibid.*, pp. 120-121.
108. *Ibid.*, pp. 125-126.

« technique » comme des opposés, quelle peut être la leçon de la technique qui semble épuiser le sens de notre monde ? « Nous ne sommes peut-être plus dans un monde ni "au monde". »[109] Le paradigme architectural et, sur le mode philosophique, architectonique comme art de la construction a toujours été prégnant dans la pensée du monde ; or on remarque que l'architecte édificateur de monuments (par excellence le temple, le palais et le tombeau) a cédé le pas à l'ingénieur machinant des compositions aux fins indéfiniment variables, jusqu'à une exaspération de la construction virant à la destruction (à la fois démolition et déconstruction). Jean-Luc Nancy n'appelle pas à une reconstruction ou à une restauration mais à un effort pour penser notre monde comme « struction », en quoi se trouve engagée la question d'une « sociation » en général (où la méditation sur l'« être-avec », sur le *cum*, prend tout son sens ontologico-politique)[110]. Notre lieu de vie est devenu une *écotechnie*, un ensemble dont les pièces prolifèrent sans que leur agencement se réfère à une construction première ou finale « mais plutôt à une espèce de création continue où se renouvelle et se relance incessamment la possibilité même du monde – ou bien de la multiplicité des

---

109. « De la struction », p. 98.
110. *Id.*, p. 90.

mondes ». Cette espèce de création continue *ex nihilo* dispose envers un monde qui point, risque et promesse d'une aube. « Pouvons-nous apprendre la logique – l'ontologie, la mythologie, l'athéologie, s'il faut lui chercher des noms – de cette simple et inextricable comparution ? »[111]

Au sein de ce monde « dé-mondé », dont la géographie philosophico-politique occidentale de l'Occident et de l'Orient, du proche à l'extrême, ne semble plus pertinente, comment nous orienter dans la pensée et dans l'action ? Comment assumer l'expérience de la « destinerrance » (Jean-Luc Nancy reprend le mot de Derrida) « qui signifie que si nous n'allons vers aucun terme... nous ne sommes pourtant pas sans "aller" »[112] ? Avec quel – ou de quel – aplomb pourrait-on parler d'une nouvelle *praxis* ?

---

111. *Ibid.*, pp. 98.
112. *Ibid.*, p. 103.

III

Le retrait du politique

Eu égard à leur portée ontologique, les analyses de Jean-Luc Nancy portant sur l'*être-avec* et le *monde* sont en fait les prolégomènes à toute pensée conséquente du *retrait* du politique. Une précaution tout d'abord : ce « retrait » n'est pas l'incitation à une retraite, l'invitation à privilégier des échappatoires vers des registres éthique, esthétique, voire religieux et parfois « social »[113], ce qui a toujours pour effet de suspendre tout choix politique effectif. Il

---

113. De telles tentations, symptomatiques d'une sorte de renoncement à penser le politique, avaient amené Philippe Lacoue-Labarthe et Jean-Luc Nancy à interrompre les travaux du Centre de recherches politiques sur le politique. Cf. leur lettre-circulaire du 16 novembre 1984 adressée aux membres de ce centre. Rappelant ce moment historique, Jean-Luc Nancy remarque : « On voit que rien n'a changé de manière essentielle » (*La Comparution*, p. 95).

s'agit bien plutôt de *retracer* le politique, engageant ainsi une question d'essence, et de *remarquer* les limites du politique, de le *délimiter*, contestant ainsi l'idée, pour un temps centrale, selon laquelle « tout est politique ».

Problématique « communauté »

La mémoire politique de l'Occident a toujours été référée avec insistance à cette réalité historique – et sans doute en partie fantasmée – que fut la *polis* (la « cité ») grecque, le lieu de vie par excellence de cet existant singulier qu'est l'homme. Un des textes canoniques, cité à l'envi par les penseurs du politique, se trouve au chapitre premier de la *Politique* d'Aristote[114] : l'homme est défini comme un « animal politique » dans la mesure où la nature, qui ne fait rien « en vain », l'a doté, lui seul parmi tous les vivants, du *logos*, lui permettant ainsi d'exprimer l'utile et le nuisible et, « par suite aussi », le juste et l'injuste. Seul l'homme, précise le Stagirite, a le « sentiment » du bien et du mal, du juste et de l'injuste. Or c'est la communauté *(koinônia)* de ces sentiments qui « fait » la famille *(oikia* ; on pourrait dire la « maisonnée ») et la *polis*.

---

114. Aristote, *Politique*, I, 2, 1253a.

Il y a là un problème, pointé par Jean-Luc Nancy. On peut remarquer d'abord qu'« exprimer » des sentiments, ce n'est pas *ipso facto* savoir quel est leur sens ; c'est pourtant sur leur partage que repose la *koinônia*. La situation est d'autant plus complexe qu'Aristote, un peu plus avant dans son texte, définit la vertu « politique » de justice comme le « jugement » *(krisis)* de ce qui est juste, assurant ainsi l'ordre *(taxis)* de la communauté politique. On hésite à comprendre le rapport entre le jugement du juste et le « sentiment » du juste, sauf à considérer que le sentiment puisse être critère de jugement. Cette difficulté n'est pas sans conséquence sur la constitution d'un ordre politique – notamment un ordre dont le sens n'est pas, ou n'est plus donné. On peut y voir une incitation à dissocier *polis* de *koinônia*, la cité de la communauté. Jean-Luc Nancy adopte une approche plus originale, appelant à revenir sur l'être-ensemble dont relève la *koinônia* : « La communauté excède de toutes parts la politique. Elle est de l'ordre de l'être-ensemble qui précède toute espèce d'association ou de rassemblement. » Et il précise : la structure discontinue de l'avec « n'est autre que la structure de l'être »[115].

---

115. « Le secret, le sens – du commun », dans le colloque *Derrida politique*, tenu à Paris en novembre 2008. À paraître chez Stock, sous la responsabilité de René Major.

Comment dans ces conditions penser le politique ?

Qu'il s'agisse, chez Aristote, du *logos* qui permet la communication et la quête du bien commun ou, de manière très différente, chez Platon, du « *logos* de l'architecture que tous habiteraient »[116], *polis* et *logos*, politique et philosophie sont consubstantiellement liées, ayant au moins en partage le paradigme principiel, dont l'enjeu est à la fois le principe et le principat. Or si *polis* et *logos* sont ébranlés dans leur fondement, reste à savoir quelle est la place de la politique, « sa juste place qui n'est ni "tout" ni "rien" ». Il faut donc faire droit à un écart « entre sphère politique et autres sphères de l'existence "en commun" (qui est *toute* l'existence, toute mais pas comme un tout) ». Et pour commencer il faut s'entendre sur le mot problématique de « communauté ».

Ce mot, porteur peut-être d'une histoire aussi vieille que celle de l'Occident, désigne aussi, pour Jean-Luc Nancy, une place vide de notre lexique. La difficulté est qu'il nous manque un mot, et « là où il manque un mot,

---

116. « Le commun le moins commun », *Actuel Marx*, septembre 2010. L'auteur risque une mise en perspective saisissante de Platon à Freud quand il écrit : « En somme, Platon inventait un substitut du totem. »

il y a un problème »[117]. L'embarras tient justement au fait que ce vide a été saturé par une signification censée répondre à la requête du sens : « Toute puissance et toute présence, c'est toujours ce que l'on requiert de la communauté ou ce que l'on va chercher en elle : souveraineté et intimité, présence à soi sans faille et sans dehors. On veut l'"esprit" d'un "peuple" ou l'"âme" d'une assemblée de "fidèles", on veut l'"identité" d'un "sujet" ou sa propriété. »[118] Toute la demande (de la) métaphysique et (de la) politique est ici rassemblée, dans ce texte rédigé en octobre 2001, peu de temps donc après le 11-Septembre, moment d'affrontement de l'avers et de l'envers d'une même obsession de l'Un, le même dieu invoqué par les terroristes *(Allahu 'akbar)* et réduit à un nom sur des billets de banque *(In God we trust)*. Nous ne sommes pas en présence d'une confrontation des civilisations, comme on a pu le croire, mais d'une civilisation, affrontée à sa propre béance, à une « guerre civile », qui se confond avec l'exacerbation de la

---

117. Formule lapidaire qui résume à sa façon le sujet de l'entretien entre Gérard Bensussan et Jean-Luc Nancy : « Qu'avons-nous fait de la communauté ? Qu'avons-nous à faire de la communauté ? », *Cahiers philosophiques de Strasbourg*, 24, 2008 : *Que faire de la communauté ?*

118. *La Communauté affrontée*, p. 15.

pulsion de mort : la « mondialisation » (ou « globalisation »), en un mot.

La notion de communauté tient une place centrale dans l'œuvre de Jean-Luc Nancy. Le travail engagé dans *La Communauté désœuvrée* s'est poursuivi dans *La Comparution* et *Être singulier pluriel*. On pourrait s'étonner de la place prise par ce concept dans sa pensée, compte tenu de l'équivocité et de la charge affective de ce terme. C'est pourquoi son ouvrage *La Communauté affrontée* nous est précieux pour comprendre son cheminement et ce qui est cristallisé dans ce mot d'abord retenu puis mis à distance. La réception même du livre, sur ce dernier point, est riche d'enseignements : sa traduction en Allemagne, en 1988, fut traitée de nazie par un journal gauchiste de Berlin (*Gemeinschaft* entrant en résonance, pour les rédacteurs, avec la *Volksgemeinschaft* nazie), tandis qu'en 1999, dans un autre journal de Berlin, issu de l'ex-RDA, le livre était abordé sous le titre « Retour du communisme »[119].

Toute l'aventure, ou la mésaventure instructive, a commencé par un thème de réflexion proposé par Jean-Christophe Bailly, en 1983, en vue d'un numéro de la revue *Alea* : « La communauté, le nombre ».

---

119. Nous reprenons ici les propos de Jean-Luc Nancy dans *La Communauté affrontée*, pp. 26-27.

L'attention de Jean-Luc Nancy fut immédiatement retenue par les deux foyers de cette « ellipse parfaitement réussie » : qu'en *est*-il de la communauté ? Peut-on encore envisager un projet « communiste », communautaire ou communiel ? Quelle ontologie pour penser le *commun* ? Quant à l'idée de « nombre », elle invite à considérer comment elle reprend et déplace celles de « masse » ou de « foule ». Nous savons comment les fascismes ont mis en forme, en œuvre, comment ils ont conformé les « masses » tandis que les communismes organisaient les « classes ». Qu'en est-il de la démocratie face à cette prolifération de la population mondiale qui rappelle comme toujours que le quantitatif a nécessairement un corollaire qualitatif ?

À ce moment et dans ce contexte, ce que cherchait Jean-Luc Nancy était une « passe » entre deux tentatives historiques, politiquement présentées comme antagonistes mais également décevantes dans leur conception du commun, du lien social. Il était en quête d'une « ressource inédite échappant au fascisme et au communisme tout autant qu'à l'individualisme démocrate ou républicain ». Porté par ce souci, il s'est tourné alors vers Georges Bataille car il pensait y trouver une aide pour peser ce que serait une position non spontanément politique de ce problème : « En avant ou en retrait du "politique", il y avait ceci, qu'il y a du "commun", de l'"ensemble" et du "nombreux", et que nous ne savons peut-être plus du tout comment penser cet ordre du réel. »[120]

Georges Bataille, dont la pensée est issue d'une exigence et d'une inquiétude politiques, témoigne d'« une expérience cruciale du destin moderne de la communauté »[121]. Après avoir connu l'épreuve du communisme « trahi », il subit pour un temps et comme beaucoup d'autres intellectuels de cette époque[122], la fascination du fascisme. Mais rapidement il prit conscience de ce que « la nostalgie d'un être communiel était en même temps désir d'une œuvre de mort »[123], comprenant que la communauté n'est ni une œuvre à produire ni une communion perdue et qu'il fallait rompre avec la hantise de l'immanence, de celle de l'homme ou d'une communauté des hommes

---

120. *Id.*, pp. 31-32.
121. *La Communauté désœuvrée*, p. 44.
122. Jean-Luc Nancy rappelle à ce propos qu'« aucune critique politico-morale de cette fascination ne peut porter si celui qui critique n'est pas en même temps capable de déconstruire le système de communion » (*id*, p. 46), qui a lieu, dans son principe et dans sa fin, au sein du corps mystique du Christ. Respectant lui-même cette consigne, il a consacré un ouvrage à Maurice Blanchot, ami de Bataille et de Levinas, qui à sa manière endura aussi cette tension : *Maurice Blanchot. Passions politiques*, Galilée, 2011.
123. *La Communauté désœuvrée*, pp. 46-47.

capable d'effectuer sa propre essence qui est elle-même l'accomplissement, l'appropriation et la présentation de l'essence de l'homme. Ce sens aigu de l'impossibilité de l'immanence absolue (ou, dit Jean-Luc Nancy, de l'absolu, donc de l'immanence) s'éprouve comme « extase » (le *ex-* de l'*ex-*tase est celui de l'*ex-*istence) dont la leçon ultime, souvent rappelée par Jean-Luc Nancy, est ainsi énoncée : « La souveraineté n'est RIEN. »

Pour saisir la teneur d'une telle formule, on peut la laisser contaminer un autre motif central de la philosophie et de la politique, celui de l'« auto- » (de l'à soi, par soi, pour soi) : « La forme de vie qui a vieilli est celle de l'autonomie. Autonomie du principe, autocratie du choix et de la décision, autogestion de l'identique, autoproduction de la valeur, du signe et de l'image, autoréférence du discours, tout cela est usé, épuisé... »[124]

Cette défaillance de notre monde, son « échec immense », « nous pouvons le savoir en partie grâce à Bataille – mais il faut aussi désormais le savoir en partie contre lui ». Grâce à lui, nous savons que la communauté ne relève pas du domaine de l'œuvre : elle a lieu dans ce que Maurice Blanchot a nommé le

---

124. Chronique du 25 octobre 2002, dans *Chroniques philosophiques*, pp. 16-17.

« désœuvrement »[125] (ainsi la démocratie n'est pas le régime qui met en forme, en œuvre, qui constitue l'essence d'un « peuple »), et dans cette mesure, elle est résistance à l'immanence. Contre Bataille, il faut oser un pas de plus : au-delà des figures des amants et de l'artiste qui restent pris dans la tentation de « l'anéantissement souverainement subjectif de la subjectivité même »[126], il faut « penser le *partage* de la communauté, et la *souveraineté partagée* » entre des êtres singuliers « eux-mêmes constitués par le partage », « *espacés* par le partage qui les fait autres », « "communiquant" de ne pas "communier" »[127].

En renvoyant à une finitude, les thèmes de l'espacement et du partage définissent ici un *être-avec* fondamentalement problématique, que tente de formuler la notion de comparution. « Il faudrait, pour désigner ce mode singulier de paraître, cette phénoménalité spécifique et sans doute plus

---

125. *La Communauté affrontée* est dédiée à M. Blanchot.
126. *La Communauté désœuvrée*, p. 80.
127. *Ibid.*, p. 64. Les guillemets rappellent la violence permanente faite par Bataille au terme « communication », ainsi que le souligne Jean-Luc Nancy. Lui-même garde ce terme (provisoirement) pour sa résonance avec « communauté » (qui lui aussi s'estompera), en lui superposant (ce qui est parfois lui substituer, dit-il) le mot de « partage ».

originaire que toute autre phénoménalité... pouvoir dire que la finitude *com-paraît* et ne peut que *com-paraître*... et que de cette façon elle se présente toujours à l'*audience* et au jugement de la loi de la communauté, ou plutôt et plus originairement au jugement de la communauté en tant que loi. » [128]

« Originairement au jugement de la communauté en tant que loi » : la comparution, ce « paraître ensemble », apparaît ainsi comme le moment où l'être ensemble se manifeste, et où dans le même mouvement la communauté est appelée à se manifester en tant que loi. Moment originaire, mais cette antériorité n'est pas un fondement, car le droit est pris lui aussi dans l'aporie de l'autofondation ; cette comparution est parution de l'*entre* de deux dont chacun peut dire : « toi (e(s)t) (tout autre que) moi » ou encore « *toi partage moi* » [129] (que l'on entende ici un indicatif ou un impératif). Moment originaire, mais se rejouant toujours, ici, et maintenant. Car ce que nous avons en partage se double toujours de ce que nous partageons, à commencer par des paroles, du sens [130].

---

128. *Ibid.*, p. 72.
129. *Ibid.*, p. 74.
130. *Le Partage des voix*, Galilée, 1982. La pensée du partage apparaît dans cet ouvrage qui porte sur le

La liberté et le « laisser-être »

Ce partage d'origine est celui du surgissement de la liberté au moment même où l'être comme fond ou comme fondement se retire. La pensée de la liberté ainsi avancée par Jean-Luc Nancy se place en rupture avec toute une tradition philosophique, politique et juridique qui considère au fond la liberté comme la « propriété détenue par un sujet »[131] – un sujet dont l'agir se laisserait penser, selon une relation causale, comme le libre usage de la liberté.

Jean-Luc Nancy résume ainsi la position classique de la question : « Pour l'ontologie de la subjectivité, la liberté est l'acte (qui fait aussi l'être) de se (re)présenter en tant que puissance de la (re)présentation (de soi et *donc* du monde). Libre représentation (où j'accède souverainement à moi-même) de la représentation libre (qui ne dépend que de mon libre arbitre). »[132] Toutefois si l'on considère que l'essence de l'existant – disons ici de l'être humain – est l'existence, la liberté n'est pas une question que nous serions libres

---

sens de l'interprétation, de l'herméneutique, en proposant une lecture de l'*Ion* de Platon. Il y est question du sens du sens et du sens de la communauté.
131. *L'Expérience de la liberté*, p. 120.
132. *Ibid.*, p. 45.

de nous poser, elle est un *fait*, une expérience qui me surprend, me désaisissant de toute assurance ontologique, me délivrant de l'être, oserait-on dire.

Or la surprise, l'événement ne peuvent être pensés dans l'enchaînement[133] d'un rapport causal ; il est donc nécessaire de délivrer la liberté de sa subordination à la catégorie de causalité, telle qu'on la trouve chez Kant (et plus généralement dans la tradition métaphysique). C'est là un des principaux résultats, repris par Jean-Luc Nancy, des cours de Heidegger, celui de 1930, « L'essence de la liberté humaine » et celui de 1936, « Schelling, le traité de 1809 *Sur l'essence de la liberté humaine* ». Mais il s'agit aussi d'esquisser un pas de plus et d'ouvrir la dimension politique de cette délivrance.

Une telle émancipation amène tout d'abord à penser la liberté comme « initialité », antérieure à toute initiative. Ce qui est en jeu alors n'est rien de moins qu'une révolution du politique et du juridique : « Ce qui manque

---

133. Soustraire la liberté à l'Idée, soutenir que la liberté est « incompréhensible » parce qu'elle ne relève « tout simplement pas » de notre capacité de compréhension, l'extraire de toute concaténation explicative, c'est le point de « déchaînement », selon le mot de Jean-Luc Nancy, autour duquel se tisse le réseau de pensées de Blanchot, Lyotard, Derrida, Levinas (*Ibid.*, p. 69, n. 1).

aujourd'hui, et qui jusqu'ici a toujours manqué à la philosophie de la démocratie, c'est la pensée de cette *initialité*, en deçà ou au-delà de la garde des libertés considérées comme acquises (par nature ou par droit). » [134] Ménager et préserver l'ouverture d'un tel espace est sans doute la tâche nouvelle et urgente du politique, et non plus seulement une simple composition des pouvoirs.

Le politique est ainsi défini comme la « spaciosité » de la liberté. Mais le souci de maintenir cette ouverture n'écarte pas les questions plus classiques de « ce qui a été appelé "se mesurer avec le partage" ». Questions d'autant plus délicates à traiter qu'au respect de la liberté s'articule le souci des singularités, qui met lui aussi le politique et l'idée même de justice sous tension : « La *justice* ne peut être que dans la décision renouvelée de récuser la validité de la "juste mesure" acquise ou régnante, *au nom de l'incommensurable*. » [135] La liberté ne peut ainsi être respectée, que dans la mesure où on reconnaît qu'elle « n'est pas un droit, elle est le droit de ce qui est "de droit" sans droit : c'est avec cette radicalité qu'il faut la

---

134. *Ibid.*, p. 105. Nous soulignons.
135. *Ibid.*, p. 101.

comprendre comme *fait*, comme initiale et comme révolutionnaire »[136].

L'attention à ce droit permet à chaque être singulier, à chaque fois, d'être livré au risque d'exister sans pouvoir jamais s'approprier cette surprise : et ce *jamais*, c'est l'être-en-commun qui nous le présente. Dans ce partage, la décision de chacun pour l'existence peut être accueillie comme « accès au laisser-être »[137].

Le respect de l'ouverture à ce qui vient, à ce qui arrive, en appelle à une autre pensée de la politique et de la démocratie, qui porte le poids de cette attente. Une politique « de la liberté initiale » serait une politique « mettant la liberté à même de commencer, de laisser se lever, et en ce sens de laisser s'accomplir... *ce qui ne peut pas s'achever*. De même que le partage de la liberté ne peut pas s'achever »[138].

---

136. *Ibid.*, p. 139. Cette définition de la liberté est insistante chez Jean-Luc Nancy, depuis « Dies irae » et « Lapsus judicii » dans *L'Impératif catégorique*. Cf. la note 1 p. 46 : « Le problème ultime du droit : *le droit de ce qui est de droit sans droit*. Ce que Kant nomme : la prétention à l'universel du jugement de goût. »
137. *Ibid.*, ce qui ne signifie nullement – Jean-Luc Nancy le précise par prudence : laisser faire, laisser aller, laisser passer.
138. *Ibid.*, p. 107.

La volonté d'achèvement est toujours grosse d'un possible totalitarisme ; ce type de régime ne redoute rien tant que l'imprévu, ainsi que le rappelle le narrateur du roman de Zamiatine, *Nous autres* : « L'idéal, c'est clair, sera atteint *lorsque rien n'arrivera plus...* » Et encore : « Est-il besoin de dire que rien chez nous n'est laissé au hasard ? Rien d'inattendu ne peut *survenir.* »[139] Or tout au contraire la démocratie doit préserver la possibilité « qu'il arrive » et refuser que l'à venir (« ce qui vient », disait Derrida) soit réduit à un probable calculable. Et s'il est vrai, pour reprendre l'adage classique, que « gouverner, c'est prévoir », il faut comprendre en quoi l'exercice du pouvoir n'a pas à tout prévoir ; nous retrouvons l'exigence de retracer les limites du politique.

Que faire ?

Cette nécessité de repenser le politique s'impose quand se présente dans l'urgence – c'est son mode même de présentation – la

---

139. E. Zamiatine, *Nous autres* (1920) trad. B. Cauvet-Duhamel, préface de J. Semprun, Gallimard, coll. « L'imaginaire », 1979, notes 6 et 24. Le narrateur, un numéro de l'État parfait, peut, à l'occasion être troublé, même si c'est pendant « l'Heure Personnelle, c'est-à-dire pendant le temps spécialement consacré aux événements imprévus ».

question « que faire ? », qui semble en appeler à une instance souveraine qui détiendrait un savoir justifiant une décision.

C'est du moins chargée de cette signification que la question provient de la tradition ; on la trouve formulée explicitement chez Kant et Lénine [140]. On ne s'étonnera pas de la mise en perspective de ces deux auteurs qui ont l'un et l'autre formulé cette question de la modernité critique en des temps prérévolutionnaires ; pour différents que fussent les contextes historiques, Kant et Lénine présumaient une certaine idée de l'homme ou de la révolution, de la finalité, de la fin de l'histoire, si bien que la question « que faire ? » surgissait dans un horizon qui la rendait possible et embrassait des réponses. « On croyait savoir que faire dès qu'on pouvait en poser la question », note Derrida [141]. Or il semble bien que c'est l'horizon, c'est-à-dire, comme le dit l'étymologie, la *dé-finition*, la limite qui pour nous se dérobe. Une chose est de

---

140. La question est formulée deux fois chez Kant : dans ses cours de *Logique*, professés de 1755 à 1797 et publiés en 1800, et dans la *Critique de la raison pure* (1781 et 1787). Lénine reprend pour son ouvrage de 1902, *Que faire ?*, le titre d'un roman de Tchernychevski publié en 1863.
141. J. Derrida, « Que faire – de la question "que faire ?" ? », dans *Derrida pour les temps à venir*, sous la direction de R. Major, Stock, 2007, p. 59.

répondre *à* une question sur le mode de l'anticipation, de la prévision de la prédiction, une autre de répondre *d'*une question, d'être responsable de ce qui vient. Comme le note Jean-Luc Nancy, la mort de Dieu veut dire, entre autres choses, que « la responsabilité absolue nous est venue... avec l'existence remise à notre responsabilité absolue »[142].

C'est précisément ce qui est en jeu dans la « démocratie », « mot difficile », qui n'est ni affaire de régime, ni simple armature de droits, mais possibilité de « création de sens » : « La responsabilité démocratique est la responsabilité d'une telle création. Mais cela veut dire aussitôt et d'abord que la démocratie elle-même n'est rien de donné, aucun sens disponible. Elle est précisément responsable de ce qui n'est pas donné : le *demos*, le peuple, ou les uns avec les autres. »[143] Quant au *kratos*, la force, le pouvoir, son sens exige aussi une élucidation, double difficulté donc que Jean-Luc Nancy propose à la réflexion. Il n'est pas inutile de rappeler que ces notions sont au cœur même

---

142. « Répondre de l'existence », dans *De quoi sommes-nous responsables ?*, Huitième forum *Le Monde*, Le Mans, 25, 26, 27 octobre 1997. Textes réunis et présentés par Th. Ferenczi, Le Monde-Éditions, 1997, p. 45.
143. *Ibid.*, pp. 49-50.

de la Constitution française de 1958, comme un point aveugle d'une certaine manière ; on lit ainsi dans le Titre I : De la souveraineté, à l'article 2 : « Son principe (de la République) est : gouvernement du peuple, par le peuple, pour le peuple. »

C'est écrit ; on le chanta aussi dans l'exaltation : « Le peuple souverain s'avance. » Les mélomanes et les « républicains » (puisque c'est « la République [qui] nous appelle ») auront reconnu *Le Chant du départ*, musique de Méhul, paroles de Marie-Joseph Chénier[144]. Ce peuple aux accents martiaux, qui semble avoir disparu ou, plus exactement, qui est peut-être introuvable pour le concept ou l'intuition, témoigne encore, dans notre monde où la domination et l'oppression restent bien présentes, de l'exigence absolue qui veut que « le *bien* politique… ne soit plus désignable seulement ni comme le bien de

---

144. Nous prenons appui ici plus particulièrement sur deux textes de Jean-Luc Nancy. Tout d'abord sa conférence « intitulée » : « Ré-fa-mi-ré-do-si-do-ré-si-sol-sol » (notes sur lesquelles on chante « Le peuple souverain s'avance »), dans *La Démocratie à venir. Autour de Jacques Derrida*, Actes du colloque de Cerisy-la-Salle, 8-18 juillet 2002, sous dir. M.-L. Mallet, Galilée, 2004. Et « Démocratie finie et infinie ».

l'État, ni comme celui de la cité, mais comme le bien du peuple »[145].

Toutefois ce mot « peuple », qui porte toujours une pressante injonction, est à lui seul « un oxymore polymorphe »[146], symptôme d'une tension entre le *commun* et le vulgaire. Cet écartèlement de la notion de peuple prend naissance à Rome, le *populus*, l'unité civique de la population s'opposant à la *multitudo*, socio-économique, ce même *populus* se distinguant aussi de la *plebs*, la plèbe, voire la populace. Quant au *demos* grec, peuple de la cité *(polis)*, il n'offre pas de ressource pour penser l'être-ensemble moderne. Il reste que la théorie politique exige la référence explicite ou implicite à *un peuple*. « Cet X ni figural ni substantiel, c'est-à-dire donc sans identité et sans propriété, disons que c'est un *sujet* en tant que sujet de l'énonciation : *le soi-disant peuple.* »[147]

La restriction est essentielle, faute de quoi on en resterait à une métaphysique du

---

145. « Ré-fa-mi-ré-do-si-do-ré-si-sol-sol », p. 342.
146. *Id.*
147. *Ibid.*, p. 344. On notera qu'en ce lieu, Jean-Luc Nancy prend comme exemple la question de l'Europe : un peuple européen peut-il, et comment, « se dire » ?

sujet, homme ou peuple, qui maîtrise l'accomplissement de son essence alors que le peuple qui se déclare n'affirme pas ce qu'il est, mais ce qu'il désire être, ce qu'il *se* promet d'être ; le « sujet » évoqué par Jean-Luc Nancy n'est pas rapport à soi mais rapport au rapport à soi : « *Soi dire* ne peut porter adéquation du *disant* au *soi* supposé – et cependant c'est ce qui est requis. »[148] Requis mais en suspension permanente comme la révolution ; en ce sens la démocratie est inachevable (achever ne signifie pas seulement mener à terme, parfaire en somme, mais aussi mettre à mort). Si le premier moment du sujet du *soi-disant peuple* est celui du dire et du commun du langage, le second est « le moment exorbitant de la souveraineté », le moment du « risque majeur », celui de l'institution[149].

Le risque de la démocratie

Pour préciser ce risque « moderne », il est utile de rappeler tout d'abord que philosophie et politique sont une invention grecque, après que les dieux se furent retirés, mais encore que la démocratie, qui est d'abord l'autre de la théocratie, n'a pas commencé ni recommencé sans

---

148. *Ibid.*, p. 351.
149. *Ibid.*, p. 348.

s'accompagner de religion civile, dont l'échec sera accompagné dans l'Antiquité par la philosophie et le christianisme. Le transfert de la souveraineté au peuple, le geste même de la modernité, met à jour, par delà les tensions entre le politique et le théologique (en droit il n'y eut jamais de théocratie en Occident), « que la souveraineté n'est fondée ni en *mythos* ni en *logos*. De naissance, la démocratie (celle de Rousseau) se connaît infondée. C'est sa chance et sa faiblesse : nous sommes au plus vif de ce chiasme »[150]. Chiasme et faiblesse à estimer.

La composition même du mot « démocratie » semble receler l'ambivalence de celle-ci et rappeler un double destin possible du politique : l'organisation de l'existence commune d'une part, la réduction de « l'insociable sociabilité des hommes » (selon la célèbre formule de Kant dans *Idée d'une histoire universelle d'un point de vue cosmopolitique*), l'association d'intérêts antagonistes et d'autre part l'assomption du sens ou de la vérité de cette existence. Dans un cas la politique délimite sa sphère d'action et de prétention, dans l'autre elle l'étend jusqu'à la prise en charge de la totalité de l'existence. Mais qu'en est-il de cette dernière tentative ou tentation lorsque le fondement ou le principe se dérobe ? Question impérieuse dans la

---

150. « Démocratie finie et infinie », pp. 80-81.

mesure où l'on parle de la démocratie et non de la démarchie : la force d'une imposition n'est pas le pouvoir légitimé dans un principe. Ce qui amène à dire que le « peuple » ne fait pas principe et que par suite « le *droit* auquel renvoie l'institution démocratique ne peut vivre en vérité que dans un rapport toujours actif et renouvelé à son propre défaut de fondation » [151]. La notion de « droit naturel », qui se prolonge plus ou moins confusément dans l'expression de « droits de l'homme », suppose une « nature humaine », alors que l'« homme » est en défaut de « nature » ou en excès sur toute « nature » [152]. On peut alors dire, avec Jean-Luc Nancy, que la démocratie en tant que politique est (in)fondée sur l'absence de nature humaine.

Cette position est lourde de conséquences en ce qui concerne la pensée du pouvoir. La démocratie semble impliquer en droit une disparition tendancielle d'une instance séparée du pouvoir – ce qui a pu s'exprimer historiquement comme un désir de dépérissement ou de destruction (cette alternative renvoie à l'affrontement entre marxisme et anarchie) de l'État ; or cette

---

151. *Id.*, p. 85. On pourra, sur ce point, se référer à l'ouvrage de J. Derrida, *Force de loi. Le fondement mystique de l'autorité*, Galilée, 1994.
152. Cf. *supra*, la présentation de l'idée de « dénaturation » chez Jean-Luc Nancy.

annulation de l'écart fut la pierre d'achoppement des « soviets ». Si ce modèle échoua dramatiquement, c'est parce que la société moderne n'existe que dans l'extériorité de ses membres (des « individus ») et de leurs rapports (d'intérêt et de force). Mais malgré les échecs de l'entreprise soviétique, le nom de communisme aura été celui « du désir de création d'une vérité symbolique de la communauté dont la société se savait à tous égards en défaut »[153]. Ce désir hante toujours notre monde rompu et enjoint une réévaluation du pouvoir.

Pour Jean-Luc Nancy, l'enjeu est désormais de sortir du « piège » dans lequel s'est enfermé le politique avec la démocratie moderne – c'est-à-dire « une démocratie sans principe effectif de religion civile »[154] – où se trouvent confondues la maîtrise de la stabilité sociale et l'idée d'une forme englobante de toutes les formes expressives de l'être-en-commun. Ce piège en fait est double : on y trouve aussi, héritée de la tradition moderne (de la Révolution française plus que de la Révolution américaine) le jugement que le pouvoir est « mauvais », domination et oppression à la fois. Quant au legs des dites « sciences humaines », il

---

153. « Démocratie finie et infinie », p. 87.
154. *Id.*, p. 92.

enseigne que le pouvoir comme « effet de pouvoir » a fait éclater « le » pouvoir en une multitude d'effets possibles dans tous les domaines : « un pouvoir mauvais et démultiplié : voilà ce qui est resté »[155].

Il est sans doute temps alors de reconsidérer cette question du pouvoir, notamment en reconnaissant les puissances d'affect qui s'y attachent. La poussée vers la maîtrise ou la domination manifeste à la fois « la fureur de l'assujettissement » et l'ardeur de façonner en vue d'une forme. Par-delà la nécessité de gouvernement, il y a dans le pouvoir un désir propre, un mouvement de vie aussi bien que de mort, une poussée ou une pulsion « qui ne peut qu'être ambivalente si elle n'est pas préformée ni prédestinée à tel ou tel but »[156]. De ce fait le pouvoir, qui certes doit assurer la socialité, est porté à ménager à celle-ci des « accès à des fins indéterminées sur lesquelles le pouvoir est sans pouvoir : les fins sans fin du sens, des sens, des formes, des intensités de désir ». C'est le défi de la démocratie, qui « pose en principe un dépassement du pouvoir – mais

---

155. *Politique et au-delà. Entretien avec Philip Armstrong et Jason E. Smith*, Galilée, 2011, p. 28.
156. « Démocratie finie et infinie », p. 89. Les grandes références ici convoquées sont le *conatus* de Spinoza et la *volonté de puissance* de Nietzsche.

comme sa vérité et sa grandeur (voire sa majesté !) et non comme son annulation »[157].

Tel est le sens du « retrait » ou du « retracement » du politique : laisser être, laisser chatoyer le sens (sensé, sensible, sensuel), laisser jouer les formes en-commun. Il ne s'agit plus de maintenir un pouvoir politique séparé qui devrait effacer sa propre distinction en affirmant que « tout est politique » ; bien au contraire, le retrait ou la retenue du politique délivre l'exigence même de la démocratie : « La politique doit donner la forme de l'accès à l'ouverture des autres formes : c'est l'antécédence d'une condition d'accès, non d'une fondation ou d'une détermination de sens. »[158] C'est là un des acquis essentiels de la pensée politique de Jean-Luc Nancy, qui, pour prendre tout son sens, doit être située dans l'ontologie renouvelée qui en est le corrélat et lui laisse « courir ses chances ».

Il suffit de se reporter à l'ouvrage *Vérité de la démocratie*, précisément dans le dernier chapitre, « Vérité », qui se propose de récapituler et de conclure : « La politique démocratique est donc politique en retrait d'assomption. Elle coupe court à toute espèce de "théologie politique", qu'elle soit

---

157. *Id.*, pp. 89-90.
158. *Ibid.*, p. 93.

théocratique ou sécularisée. Elle pose donc en axiome que ni tout (ni le tout) n'est politique. Que tout (ou le tout) est multiple, singulier-pluriel, inscription en éclats finis d'un infini en acte ("arts", "pensées", "amours", gestes, "passions" peuvent être certains des noms de ces éclats). »[159] Le retrait d'assomption est bien la volonté de ne pas prendre en charge l'être-en-commun afin de lui donner forme, figure, d'en faire une « œuvre » qui le figerait dans une essence ou une identité substantielle. Nul n'a oublié les tentatives dévastatrices des totalitarismes. Mais on sait aussi qu'on ne saurait se satisfaire d'une rapide et sûre dérive du politique en gestion qui laisse les hommes désemparés par une prolifération indéfinie des fins et par l'équivalence décevante des biens qu'on leur propose. Qu'est-ce que notre monde attend de nous ? Et que pourrait-il, contre toute apparence peut-être, nous promettre ?

---

159. *Vérité de la démocratie*, p. 60.

Conclusion

Du politique à l'adoration

Inquiet devant l'affadissement jusqu'à l'insignifiance du mot « démocratie », Jean-Luc Nancy « fait comparaître » cette perte de signification « devant le tribunal de la raison »[160], reprenant le geste de Kant dans la *Critique de la raison pure*. Non pour établir la limite entre la « connaissance » et la « croyance », mais pour tracer la frontière entre la sphère politique et les autres sphères de l'existence. C'est pour cela qu'il introduit le concept d'adoration. On pourrait imaginer Jean-Luc Nancy relançant la métaphore judiciaire et déclarant judicieusement : « Je dus donc limiter le politique, pour faire place à l'adoration. »

« L'*adoration*, écrit-il, l'adresse de la parole au dehors de toute parole, est une condition de l'existence démocratique en tant

---

160. *Ibid.*, p. 77.

qu'existence de sujets égaux. Car l'égalité des "sujets" – pour leur donner, faute de mieux, ce nom – n'est pas celle des individus. Celle-ci peut relever d'une équivalence juridique et d'une équité économique, mais celle-là s'expose d'emblée à ce qui n'est pas inégalité, mais hétérogénéité foncière de tous les rapports singuliers à l'incommensurable. »[161] Dire que la démocratie se définit par l'existence de sujets égaux n'a rien de très original : l'apport de Jean-Luc Nancy consiste à souligner la distinction entre sujets et individus d'une part, et, de l'autre, à prévenir la confusion entre inégalité et hétérogénéité. Si l'inégalité des individus peut être combattue, l'hétérogénéité des sujets doit être respectée, voire aiguisée. L'équivalence juridique et l'équité économique constituent la condition de réalisation de toute politique, mais la politique doit être distincte de l'ordre des fins. Jean-Luc Nancy appelle cet « au-delà du politique » qui est néanmoins la condition de l'existence démocratique : l'adoration. On l'a vu, un tel emprunt au lexique religieux, érotico-mystique en l'occurrence, est courant chez lui.

---

161. *L'Adoration*, p. 95. Ce texte est accompagné d'une note qui le met en relation avec ce qui a été esquissé dans *Vérité de la démocratie* et dans « Démocratie finie... » *(La Démocratie, dans quel état ?)*.

L'Adoration est le titre donné au second volume de la *Déconstruction du christianisme*, dont le premier s'intitule *La Déclosion*. Dans ces deux volumes, Jean-Luc Nancy tente d'articuler l'ontologique (métaphysique ou religieux) et le politique. Son ambition n'est pas d'élaborer une nouvelle mythologie [162] ou de reprendre un projet de religion civile « à l'Antique » (les dieux de la Cité) ou moderne (un nouveau culte de l'Être suprême) – il est trop conscient de leur échec –, mais d'imaginer un autre rapport au sens au-delà de la sphère politique. « La politique démocratique, estime-t-il, consiste à écarter un "*sens commun*" pour ouvrir aux possibilités d'un "*sens en commun*" ou plutôt de sens multiples en commun. » [163] Cet en-commun est l'espace de l'« adoration » et de la « déclosion ».

« Si ce dernier mot voulait indiquer la nécessité d'ouvrir la raison à une dimension non pas "religieuse", mais transcendant la raison elle-même…, l'adoration essaie maintenant de nommer le geste de cette

---

162. Philippe Lacoue-Labarthe et lui-même ont analysé les conditions de possibilité et les conséquences d'un tel fantasme dans *Le Mythe nazi*, L'Aube, 1991.
163. *Politique et au-delà*, p. 46. Nous soulignons.

raison déclose. »[164] Le politique, retraçant ses limites et s'y contenant (dans tous les sens de ce terme), doit permettre aux vivants l'épreuve d'une nouvelle vie, le risque d'« exprimer une expérience qui est en son fond l'expérience d'une illimitation, d'une incommensurabilité, d'une outrance éprouvée comme inscrite dans la nature, dans la vie et dans l'ordre exorbitant du monde »[165]. L'adoration n'est ni effusion, ni exaltation paroxystique, mais désigne un autre geste de la pensée que ceux de la métaphysique et la religion qui doivent désormais s'exposer l'une à l'autre, se déclore dans leur désir d'infini, et s'ouvrir toutes deux au « dehors » de la pensée ; double déclosion dont l'adoration est le geste, qui renvoie à l'incommensurable (« l'incommunsurable ») qui est le commun des existants.

L'*adoratio* n'est pas le *sermo* qui est conversation, dialogue dans le monde des échanges. L'*ad-oratio* est parole adressée, destinée, la réponse à un appel : « elle parle de cet infini qui lui parle, s'adresse à lui. Elle est le langage du sens infini ». C'est en cela qu'elle est condition de l'existence « démocratique », se situant en dehors du domaine des significations ; elle est avant tout une *praxis* de la pensée et des corps. Or

---

164. *L'Adoration*, quatrième de couverture.
165. *Ibid.*, p. 104.

ce terme se trouve lesté de toute sa charge politique en conclusion d'un chapitre intitulé « Mystères et vertus », titre dont on pourrait, selon l'auteur, proposer une transcription : « Éclats et pulsions ». Ce passage d'une expression à l'autre est sans doute la marque d'un effort attendu et d'un espoir à porter.

L'enthousiasme

« "Enthousiasme" veut dire en grec "passage en dieu" ou "partage du divin" : comment ne pas emporter l'enthousiasme après la mort de Dieu ? C'est une question grave. »[166] De tels mots empruntés à la théologie et à la spiritualité chrétiennes peuvent-ils nous intéresser encore ? Oui, répond Jean-Luc Nancy, car les mystères chrétiens (la trinité, l'incarnation, la résurrection) et les vertus, plus précisément les vertus théologales (la foi, l'espérance et la charité), traitent du rapport, un terme central dans sa propre réflexion.

« Le mystère trinitaire lance cet éclair : le sens est le rapport lui-même, le dehors du monde est donc dans le monde sans être du monde. » Un peu avant ce passage, il écrit déjà que les vertus théologales sont « les forces qui s'emploient au rapport »[167]. Or, dès l'époque

---

166. *Ibid.*, p. 113.
167. *Ibid.*, p. 77, p. 80.

du Centre de recherches philosophiques sur le politique, le rapport était retenu comme un des thèmes principaux de questionnement philosophique, « dès lors que le politique y fait énigme, lacune ou limite… »[168] Il faut donc restaurer le sens du mot « vertu » que l'usage courant a vidé de toute énergie ; la *virtus* est une *force* à l'œuvre, elle n'est pas une propriété ou une qualité qui s'offrirait à un choix : « La "vertu" est l'élan, poussé par une "valeur" qui n'est pas simplement un "bien" disponible et déterminé mais qui vaut à la mesure de cette poussée qui emporte précisément au-delà du déterminé. »[169] L'homme vertueux, comme l'homme valeureux, s'engage dans l'hyperbole de la valeur ; la satisfaction (faire assez), l'accomplissement (parvenir à la complétude) n'est pas une fin. La vertu est d'abord *pulsion*, ce que rend le *Trieb* freudien : il ne s'agit pas seulement d'une poussée sauvage et menaçante mais aussi de forces qu'il faut savoir accueillir. C'est aussi la nature du *Trieb* dont parle Kant, cette poussée interne de la raison comme mouvement vers l'« inconditionné » (ou l'« indéterminé »). En somme, « après Kant, Hegel et Nietzsche, en même temps que Heidegger, Freud pense à sa manière une déclosion de la raison (…) sous ce nom de pulsion : vertu de rapport à ce qui ne peut s'accomplir ni en savoir ni en représentation

---

168. *Rejouer le politique*, p. 25.
169. *L'Adoration*, p. 72.

– ni, donc, en "sens" ou en "vérité" selon l'un de ces régimes »[170]. La conséquence est la déclosion de l'ontologie : la pulsion n'est pas le rapport d'un sujet à un objet, elle est vertu de l'être, entendu comme signifiant « pousser », « lancer », « ébranler », « exciter ».

La charité *(agapè)*, qu'on peut aussi nommer amour, est la plus importante des vertus théologales ainsi que l'enseigne Paul dans sa première *Épître aux Corinthiens* : « Maintenant demeurent toutes les trois, la foi, l'espérance et la charité : mais la plus grande est la charité. » Cette dernière vertu, ce commandement d'amour était affirmé comme la clef de voûte de la construction chrétienne dans un monde méditerranéen où la puissance et la richesse, soustraites aux régimes de l'observance, se manifestaient sans mesure et sans retenue. Face à la violence du monde, la leçon était donnée par Jésus lui-même, comme le rapporte Matthieu dans son Évangile (XXII, 34) ; à un Pharisien lui demandant quel est le plus grand commandement de la loi, Jésus répond par deux citations de l'Ancien Testament : « Tu aimeras le Seigneur ton Dieu de tout ton cœur, de toute ton âme et de tout ton esprit » (*Deutéronome*, VI, 5), puis : « Tu aimeras ton prochain comme toi-même » (*Lévitique*, XIX, 18). Et de conclure : « À ces deux

---

170. *Ibid.*, p. 73.

commandements se rattachent toute la Loi ainsi que les prophètes. » Vingt siècles plus tard, au lendemain des déchaînements de la Première Guerre mondiale, Freud, qui reconnaît ne pouvoir se défendre d'« un sentiment de surprise devant l'étrangeté » de ce commandement, le considère néanmoins comme « la mesure de défense contre l'agressivité », même s'il est inapplicable [171]. Comment alors considérer cet amour impraticable ? Jean-Luc Nancy suggère de voir dans l'impossible l'indice même de la vérité : l'amour est sans doute « folie » (comme dit le christianisme), mais dans cette folie « étendue de la fureur érotique à la ferveur spirituelle, le rapport s'y porte à l'incandescence en s'adressant à ce qui, dans l'autre, lui est incommensurable à partir de ce qui l'est aussi en moi. Ainsi l'amour atteste chacun comme unique, mais d'une unicité qui excède l'"un" de chacun(e) » [172]. Cette unicité est la « dignité », la valeur singulière de chaque existence. « C'est à ce prix, à cette valeur inestimable que s'adresse l'adoration :

---

171. S. Freud, *Malaise dans la civilisation (Das Unbehagen in der Kultur)*, Vienne, 1929, chapitres V et VIII. Payot & Rivages, trad. A. Weill, 2010.

172. *L'Adoration*, pp. 86-87. À noter que cette « folie » est présentée par Jean-Luc Nancy comme l'exact revers de la folie de l'adoration du veau d'or dont le capitalisme est de ce point de vue l'avatar moderne.

elle est évaluation de l'inévaluable. »[173] Là se trouvent les ressources d'une dynamique et d'une puissance du tissage de l'en-commun.

De la confiance

La fragilité de cet amour commun est aussi ce qui le rend précieux. Sous la plume de Jules Michelet, exemple caractéristique, la Révolution française est présentée comme une histoire d'amour, celle d'une promesse qui n'a pas été tenue, d'une religion nouvelle qui n'a pu voir le jour. La Révolution a laissé pour unique monument le « vide », celui du Champ de Mars, lieu où « vinrent s'embrasser la France et la France »[174] lors de la fête de la Fédération, moment où fut « sentie » l'unité de la patrie. Deux faiblesses minèrent cet élan du peuple « avançant vers la lumière, sans loi, mais se donnant la main »[175] : la haine et la peur. On ne sut rester fort pour rester bon. « Tous avaient aimé le 14 juillet. Il eût fallu aimer le lendemain. » Inconstance de l'amour et pourtant la nuit même de la fête, du 13 au

---

173. *Ibid.*, p. 89.
174. J. Michelet, *Histoire de la Révolution*, Préface de 1847, Gallimard, 1939, p. 2.
175. *Ibid.*, Livre III, 6 octobre 1789-14 juillet 1790, chap. XI, « De la religion nouvelle – Fédérations », p. 403.

14 juillet, « toute la population dans l'*abandon* de l'*enthousiasme* et de la *confiance*, n'avait plus qu'une pensée »[176]. Défaut de confiance, c'est-à-dire défaillance de la foi.

La confiance du peuple n'est pas une simple disposition psychologique ou affective : elle est donnée « dans une factualité existentiale ». L'existant n'est pas simplement « jeté au monde », il est en même temps « confié aux autres » et la confiance est déjà dans le contact, proximité et éloignement à la fois du prochain. « Le contrat, le contact et la confiance sont trois fois le *cum*, l'*avec*, dans son exposition principielle. Liberté, égalité, fraternité du peuple sans nature ni génération, sans origine. »[177] Or la confiance est la « fiance » en partage – la foi et la fidélité. La foi, vertu théologale, ne doit pas être confondue avec une croyance comprise comme un savoir faible d'une représentation incertaine ; cette distinction nécessaire permet la mise à distance de l'idolâtrie (tout dieu peut être pris pour une idole, tout peuple peut se prendre pour une idole). Dans son registre religieux, la foi

---

176. *Ibid.*, Livre IV, juillet 1790-Juillet 1791, chapitre premier, « Pourquoi la religion nouvelle ne put se formuler – Obstacles intérieurs », pp. 425, 432. Nous soulignons.
177. « Ré-fa-mi-ré-do-si-do-ré-si-sol-sol », p. 356.

repose sur ce que Luther nommait « la confiance dans la seule fidélité de Dieu »[178]. Déconstruire cette idée, c'est mettre en suspens le nom de Dieu et considérer la foi sans Dieu.

Ce qui est préservé de la foi après « la mort de Dieu », c'est la fermeté dans l'impropriété, la ténacité dans la « *fidélité à la fidélité même* »[179]. Cette posture originaire de l'être-avec rend possible le contact et le contrat ; cet accord tacite est la provenance du « soi-disant » d'un « peuple ».

Quant à l'espérance, la troisième des vertus théologales, elle n'est pas l'attente ou l'espoir de quelque chose qui enfin adviendrait (ou reviendrait) : elle est la tension même de la pulsion, « la tension gardée dans la confiance que toujours quelque chose ou quelqu'un *vient*. Qu'il ne vient pas plus tard mais maintenant et ici même – ne venant pas toutefois pour s'accomplir en présence, mais pour que je vienne de sa venue même »[180]. Pour penser l'espérance nulle analogie, enchaîne Jean-Luc

---

178. *Sermon sur les rogations*, dans *Œuvres*, Gallimard, « Pléiade », 1999, t. 1, p. 245. Cité par J.-L. Nancy dans « Ré-fa-mi-ré-do-si-do-ré-si-sol-sol ».
179. *La Déclosion*, p. 223.
180. *L'Adoration*, p. 91.

Nancy, n'est plus idoine que celle de la jouissance et de la joie sexuelles dans la mesure où elle suscite une réflexion sur la notion même de « rapport ».

Jean-Luc Nancy reprend à nouveaux frais les deux principes de la psychanalyse selon Lacan : « il n'y a pas de rapport sexuel » et « la jouissance est impossible »[181]. Après avoir rappelé (en s'appuyant notamment sur les tables des jugements et des catégories chez Kant) que le rapport renoue avec le registre logico-philosophique de la « relation » en général qui ne se confond pas avec une logique de la substance et du prédicat, il note tout d'abord que le rapport n'est rien d'étant, rien de distinct, mais la distinction même. Ou plus exactement, « c'est le *se distinguer* »[182]. Le rapport est liaison et déliaison, « l'écartement de l'avoir-lieu et le jeu de l'entre-lieux »[183]. La jouissance sexuelle n'est pas liée au rapport de deux sexes différents ; il n'y a pas de rapport comme tel, la « talité » et l'« identité » sont intenables et nécessairement entamées. « Il y a d'abord, et toujours, le sexe se différant (...) en tant qu'il est lui-même le rapport, c'est-à-dire le "se rapporter", c'est-à-dire encore l'entr'ouvrir de l'*entre* lui-même, de l'"entre-nous" ou de l'intimité : le sexe se

---

181. *L'« il y a » du rapport sexuel*, Galilée, 2001.
182. *Id.*, p. 23.
183. *Ibid.*, p. 26.

différant est l'espacement de l'intimité. » On reconnaît ici la « différance » de Jacques Derrida : la jouissance, la joie sont celles de la différance, déception de toute présence, et l'on peut mettre en perspective le « viens » apocalyptique qui pour Derrida ouvre la question d'une messianicité sans Messie, le « viens » *(come)* de l'exclamation érotique qui n'en appelle à rien et le « *Komm* » qui lance nombre de chorals luthériens.

Hors du politique : la joie

L'adoration recueille l'enthousiasme et la force de ces vertus théologales dans la mesure où son geste n'est ni celui d'une saisie, d'une appropriation ou d'une visée : « L'adoration n'a pas d'objet et consiste précisément en cela – ne pas avoir d'objet. Ce qui s'entend doublement : ne s'adresser à rien, ne rien avoir en face de soi. » Il ne s'agit pas du « rien » du nihilisme, mais de ce rien dont « l'infinité – sa fortuité, son in-signifiance et ainsi son *infinitude actuelle* (...) clignote en signal d'un *dehors* absolu dans lequel tout le nihilisme perd son "-isme" »[184]. On peut entrevoir la dissipation de la mélancolie du nihiliste, porteuse du désir d'une révolution perdue et un nouveau déploiement des affects.

---

184. *L'Adoration*, p. 109.

Cette adoration, nouvelle modalité d'être au monde et aux autres, nouvelle allure des hommes pour un temps où, ne sachant plus à quoi nous tenir, nous sommes voués à ne nous en tenir qu'à nous autres, doit être hors d'atteinte du politique. Ce dernier, en tant que pouvoir, peut « satisfaire » mais non pas faire jouir, sinon du pouvoir (qui est son vrai et seul mode d'au-delà) ; la joie est dans le jeu du/des sens. « Pas de joie politique, seulement des succès, bonheurs, réussites, gratifications » ; l'adoration ouvre un au-delà de la satisfaction : « Jouir en différance. La joie est sa propre différance : c'est son secret, absolument dérobé et absolument exposé, mais exposé ailleurs que dans l'espace public de la politique. »[185] Ce que Jean-Luc Nancy dit de la joie – chance que le retrait ou le retracement du politique doit ménager pour la « démocratie » – n'est pas sans rappeler ce que Spinoza affirmait de la « béatitude » dans la dernière proposition de l'*Éthique*, souvent rappelée par Nancy : « La béatitude n'est pas la récompense de la vertu, mais la vertu même. » Il ne s'agit pas là d'un état de satiété mais d'un élan, d'un mouvement qui répond à un appel, réponse qui relance l'appel plus loin. « L'adoration de même n'est pas et n'a pas d'accomplissement dans une complétude quelconque. »[186]

---

185. « Le secret, le sens – du commun », p. 7.
186. *L'Adoration*, p. 98.

Aujourd'hui, avec ou sans l'Europe, il faut penser la mise en œuvre d'une volonté générale à la fois mondiale (universalisme d'un discours démocratique, juridique, etc.) et déchirée entre de nombreuses volontés particulières (peuple, État, identités variées). « Il n'y a pourtant qu'une seule généralité effective, celle du capitalisme », volonté guidée par une représentation : l'argent tel que le désigne Marx. C'est « le choix que notre civilisation a fait en gros à la Renaissance »[187]. L'humanité est-elle capable de désirer autre chose ou de désirer autrement ? Avons-nous encore « la possibilité d'une mutation du paradigme de l'équivalence »[188] ? Il y va du destin de la démocratie. Plus simplement et plus brutalement : peut-on changer de civilisation ?

La question est mise en scène par Vassili Grossman dans son roman *Vie et destin*[189]. Un entretien a lieu nuitamment dans un camp allemand de prisonniers, au cœur de l'Europe, entre un jeune officier SS et un détenu soviétique, vieux militant bolchevik ; ce dernier trouve intolérables les propos de son geôlier. Or que dit le jeune nazi ?

---

187. *Politique et au-delà*, p. 20.
188. *Vérité de la démocratie*, p. 45.
189. V. Grossman, *Vie et destin*, trad. A. Berelowitch avec la collaboration d'A. Coldefy-Faucard, Julliard/L'Âge d'Homme, p. 371.

« Quand nous nous regardons, nous ne regardons pas seulement un visage haï, nous nous regardons dans un miroir. Là réside la tragédie de notre époque. Se peut-il que vous ne vous reconnaissiez pas en nous ? Que vous ne retrouviez pas votre volonté en nous ? Le monde n'est-il pas pour vous comme pour nous volonté... ? » Après la défaite des fascismes et l'effondrement des communismes soviétiques, les démocraties modernes peuvent-elles se tenir quittes d'une telle question ? Notre monde peut-il entendre la liberté autrement que comme l'exercice souverain de la puissance ?

Si Jean-Luc Nancy insiste sur la nécessité d'un retrait du politique, c'est précisément pour qu'un espace soit ménagé à une poussée de la liberté comme laisser-être, comme puissance d'accueillir ce qui vient, puissance passive qui donne l'occasion à l'élan d'une puissance active, pour reprendre la distinction opérée par Aristote. Ce nouvel *ethos* qui ne serait plus hanté par le calculable, le probable, le possible, pris dans l'étau métaphysique du nécessaire et du contingent, accepterait d'être exposé à la chance : « "Qu'il y a du sort" dit exactement la même chose que "qu'il y a de l'être" pris absolument. L'être est fortune et n'est rien d'autre. Il ne connaît pas des fortunes diverses, il est tout d'abord lui-même, l'être, dans son acte même – dans le faire de tous les étants – fortune. »[190] Et de fait, fortuit, furtif et fertile. Cette ontologie est celle, nous le savons désormais, du pluriel, de l'humble et de l'hétérogène.

Nulle incitation à quelque fatalisme ou à quelque quiétisme mais le désir infini, ici et maintenant, d'endurer une exigence à laquelle Jean-Luc Nancy a choisi de donner la tournure de deux oxymores : « une démocratie nietzschéenne » et « une aristocratie égalitaire »[191]. « Désirer être dans le désir »[192], c'est la chance qui s'offre à nous pour sortir du nihilisme.

---

190. « Fortuite, furtive, fertile », dans *L'Étrangère*, n° 26/27, Bruxelles, 2011.
191. *Vérité de la démocratie*, p. 43, p. 61.
192. *Politique et au-delà*, pp. 20-21.

Bibliographie

Livres

Le Partage des voix, Galilée, 1982.

L'Impératif catégorique, Flammarion, 1983.

L'Oubli de la philosophie, Galilée, 1986.

La Communauté désœuvrée, Christian Bourgois, 1986.

L'Expérience de la liberté, Galilée, 1988.

Une pensée finie, Galilée, 1990.

La Comparution, avec Jean-Christophe Bailly, Christian Bourgois, 1991.

Le Mythe nazi, avec Philippe Lacoue-Labarthe, L'Aube, 1991.

Le Poids d'une pensée, Québec, Le Griffon d'argile/Grenoble, PUG, 1991 ; rééd., *Le Poids d'une pensée, L'Approche*, La Faucille, 2008.

Corpus, Métailié, 1992.

Le Sens du monde, Galilée, 1993 ; rééd. 2001.

Les Muses, Galilée, 1994 ; rééd. 2001.

Être singulier pluriel, Galilée, 1994.

Hegel, l'inquiétude du négatif, Hachette, 1997.

L'Intrus, Galilée, 2000.

La Pensée dérobée, Galilée, 2001.

L'« il y a » du rapport sexuel, Galilée, 2001.

La Communauté affrontée, Galilée, 2001.

La Création du monde ou la mondialisation, Galilée, 2002.

Chroniques philosophiques, Galilée, 2004.

La Déclosion (Déconstruction du christianisme, 1), Galilée, 2005.

L'Adoration (Déconstruction du christianisme, 2), Galilée, 2010.

Vérité de la démocratie, Galilée, 2008.

Politique et au-delà. Entretien avec Philip Armstrong et Jason E. Smith, Galilée, 2011.

Dans quel monde vivons-nous ?, avec Aurélien Barrau, Galilée, 2011.

Contributions à des ouvrages collectifs

« La juridiction du monarque hégélien », dans *Rejouer le politique*, Galilée, 1981.

« Le retrait du politique », avec Philippe Lacoue-Labarthe, dans *Le Retrait du politique*, Galilée, 1983.

« *Dies irae* », dans *La Faculté de juger*, Minuit, 1985.

« *Dies illa* », dans *Jean-François Lyotard. L'exercice du différend*, PUF, 2001. Texte repris sous le titre « De la création », dans *La Création du monde ou la mondialisation*, Galilée, 2002.

« Ré-fa-mi-ré-do-si-do-ré-si-sol-sol ("le peuple souverain s'avance") », dans *La Démocratie à venir. Autour de Jacques Derrida*, Marie-Louise Mallet (dir.), Galilée, 2004.

« Démocratie finie et infinie », dans *Démocratie, dans quel état ?*, La Fabrique, 2009.

« Communisme, le mot », dans *L'Idée du communisme*, A. Badiou et S. Zizek (dir.), Lignes, 2009.

« Le secret, le sens – du commun », dans *Derrida politique*, colloque tenu à Paris en novembre 2008, à paraître chez Stock, sous la responsabilité de René Major.

Articles

« Répondre de l'existence », dans *De quoi sommes-nous responsables ?*, Huitième forum Le Monde, Le Mans, 1997, textes réunis par Th. Ferenczi, Le Monde éditions, 1997.

Préface à l'édition italienne de *L'Impératif catégorique*, reproduite seule avant la publication italienne dans *Le Portique*, n° 18, Université de Metz, 2006.

« Il faut remettre l'homme dans un rapport infini avec lui-même », Entretien de Jean-Luc Nancy avec Silvia Romani dans *Rivista di Filosofia Neo-Scolastica*, 4, 2007.

« L'être-avec de l'être-là », dans *Lieu-dit*, n° 19, octobre 2003. Repris dans les *Cahiers philosophiques*, n° 111, octobre 2007.

Entretien avec Frédéric Postel, « Heidegger, politique et philosophie », dans les *Cahiers philosophiques*, n° 111, octobre 2007.

« La scène mondiale du rock », dans *Rue Descartes*, n° 60, 2008.

Entretien avec Gérard Bensussan, « Que faire de la communauté ? », dans *Les Cahiers philosophiques de Strasbourg*, 24, 2008.

« Le sens de l'histoire a été suspendu », Entretien avec Éric Aeschiman, dans *Libération*, 4 juin 2009.

« Générations civilisations », dans *Vacarme*, n° 47, printemps 2009.

« La différance, ici et maintenant », dans *Le Magazine littéraire*, n° 498, juin 2010.

« Le commun le moins commun », dans *Actuel Marx*, septembre 2010.

« Fortuite, fertile, fertile », dans *L'Étrangère*, n° 26/27, Bruxelles, 2011.

Textes sur Jean-Luc Nancy

Paragraph, vol. 16/2, July 1993, « On the work of Jean-Luc Nancy », Peggy Kamuf (ed.), Edinburgh University Press, 1993.

The Sense of Philosophy : On Jean-Luc Nancy, Simon Sparks (ed.), Routledge, 1996.

Retreating the Political : Philippe Lacoue-Labarthe and Jean-Luc Nancy, Simon Sparks (ed.), Routledge, 1997.

Sens en tous sens, autour des travaux de Jean-Luc Nancy, Francis Guibal et Jean-Clet Martin (dir.), Galilée, 2004.

B.C. Hutchens, *Jean-Luc Nancy and the Future of Philosophy*, Bucks, Acumen, 2005.

Ian James, *The Fragmentary Demand – An Introduction to the Philosophy of Jean-Luc Nancy*, Stanford University Press, 2006.

Philip Armstrong, *Reticulations – Jean-Luc Nancy and the Networks of the Political*, University of Minnesota Press, 2009.

Carmelo Meazza, *La Comunità s-velata. Questioni per Jean-Luc Nancy*, Napolki, Alfredu Guida, 2010.

Figures du dehors. Autour de Jean-Luc Nancy, Danièle Cohen-Levinas et Gisèle Berkman (dir.), Nantes, Éditions Cécile Defaut, à paraître.

Table des matières

Introduction : **Politique et philosophie** 11
De la crise à la mutation 12
Humanisme et nihilisme 17
L'Être ou l'« autre homme » 22
En commun 26

I : **L'être-avec** 33
L'analyse fourvoyée de Heidegger 33
Pour une nouvelle ontologie :
  être singulier pluriel 39
Nous autres exposés 42

II : **Un monde « dé-mondé »** 49
La « fin du monde » 50
Création de l'homme,
  création du monde 54
« Juste impossible » 62
Écotechnie 68

III : **Le retrait du politique** 75
Problématique « communauté » 76
Comment dans ces conditions penser
  le politique ? 78
La liberté et le « laisser-être » 86
Que faire ? 90
Le risque de la démocratie 95

Conclusion : **Du politique à l'adoration** .. 103
L'enthousiasme 107
De la confiance 111
Hors du politique : la joie 115

Bibliographie 121